크로노도도
10초 아기 수면법

0~6세 영유아를 위한 프랑스식 수면교육

크로노도도

10초

아기 수면법

오드 베카 지음   송민주 옮김

유아이북스

들어가면서

나는 꽤 오랜 기간 직접 아이 돌보는 일을 해왔다.

지금은 육아 컨설턴트로 자리 잡았지만, 일반 가정에서 아이돌보미 일도 했고 보육원에서 근무하다가 최근까지 어린이집에서도 일했다.

그동안 숱하게 많은 가족을 만나면서 느낀 점이 하나 있다.

아기가 처음 태어나면 누구든지 당혹감에 빠진다는 사실이다. 그야말로 어쩔 줄 몰라한다. 부모 역할은 처음인데 아무도 직접적인 도움을 주지 않는다. 어떻게 해야 하지 가르쳐 주지 않고, 도와주지도 않는 경우도 많다.

내가 육아 컨설턴트로 나선 이유가 여기에 있다. 어떻게 해야 아이를 잘 기르는 올바른 부모 역할을 할 수 있는지 알려주는 사람이 되겠다는 결심이다.

나는 도움이 필요한 가족들이라면 전화나 화상 통화뿐만 아니라 방문을 통해서도 상담하고 있다. 신생아와 관련한 고민은 아기의 생활 리듬, 모유 수유, 이유식, 울음과 수면을 다루는 법 등에 관한 것이 대부분이다. 유아를 자녀로 둔 부모는 감정 관리, 청결, 편식 문제와 아이 교육을 둘러싼 부모 사이의 갈등, 아이에게 상처 주지 않고 어떻게 훈육을 하는가 따위가 주를 이루는 게 사실이다. 그래도 수면에 관련된 문제는 연령대를 넘어 중요한 상담 주제다.

'아이가 잠에 못 들거나, 한밤중에 깨면 어떻게 해야 할까요?' 같은 질문이다.

자녀의 나이와 상관없이 수면 문제는 정말 자주 거론된다.

아기가 태어나고 1년 동안, 부모가 아이를 재우기 위해 안고 걷는 거리를 총 합치면 1,170킬로미터에 달한다고들 한다. 마라톤을 자그마치 28번 뛴 거리다!

그럼에도 3세에서 10세 사이 아동의 9~15퍼센트가 몽유병이나 야경증에 시달린다고 한다.

아이의 인지 능력, 태도, 감정, 신체 발달 등에 있어 좋은 수면이 필수 요소다. 그래서 어렸을 때부터 건강한 수면 습관을 들이는 게 중요하다.

더군다나 신체 발달에 중요한 성장호르몬은 잠이 드는 수면 1단계와 꿈을 꾸는 렘수면 상태에서 분비된다. 때문에 잘 자는 게 잘 자라는데 있어 무엇보다 중요하다.

　내 상담의 85~90퍼센트가 이토록 중요한 수면 문제에 관한 것이다.

　아이의 수면 문제는 내 전문 분야가 되어 아이가 가장 편안하게 잠을 잘 수 있는 방법도 세상에 내놓게 됐다. 아기가 잠들 때와 밤중에 부모와 아이 모두 숙면하면서 평안한 일상을 보낼 수 있도록 도와주는 방법이다. 이 책을 통해 더 많은 가족이 도움을 받기를 바라는 마음이다.

Part 2 - 당신의 아이가 잠을 **못 자는** 이유

Part 1

크로노도도의
마법

아기는 원래 불안하다

만약 아이가 쉽게 잠들지 못하거나 밤에 자주 깬다면?

우선 아이 건강에 어떤 문제가 있는 것은 아닌지 확인하는 것이 우선이다. 수면을 방해할 수 있는 질환으로는 역류성식도염GERD이 대표적이다. 아기가 푹 자면서 피로를 회복하려면, 아이의 건강 상태부터 챙겨야 한다.

신체적으로, 또 감정적으로 안정감을 느껴야 아이는 완전히 긴장을 풀고 잠에 빠져들 수 있다. 안정감은 식욕만큼이나 기본적인 아이의 생리적 욕구다. 이 욕구가 충족돼야 낮이고 밤이고 차분한 아이로 키울 수 있다.

강압적이면 안 된다. 감정적으로 불안할 때 안아주고 달래 줘야 한다.

또 아이에게 익숙한 생활 습관, 즉 루틴을 잡아주는 게 좋다.

낮과 밤 상관없이 자고, 먹고, 기저귀를 바꾸는 장소 등을 언제나 정해진 장소에서 하는 것이다. 안정적인 생활 습관과 의식, 따스한 눈빛과 말, 애착 인형, 부모의 품 등이 아기를 안심시키는 데 도움이 된다. 이때 아이가 애착을 형성하고 신뢰감을 쌓는 기준이 되는 주양육자가 꾸준히 직접 아이를 돌보는 것이 중요하다. 돌봄 방식도 일정해야 한다.

안정감이 잘 자리 잡은 아이일수록 독립심도 잘 형성된다. 애착이 잘 형성되어야 분리도 쉽게 되는 법이다.

아이가 울 때, 신체 접촉이나 시선, 말 등으로 반응해 주는 것은 무엇보다 중요하다. 그 반응을 시간차를 두고 하더라도 말이다. 아이가 왜 우는지 이유를 도저히 모르겠는 때도 마찬가지다. 아이가 고통받지 않고, 신체적으로 안전하게 기본 욕구를 충족할 수 있게 해주는 것은 당연한 일이다. 자신의 요구를 부모가 들어준다는 걸 느끼면 아이도 부모, 혹은 자신을 돌보는 이에게 신뢰감을 쌓고, 잠에 빠져드는 법도 잘 배우게 된다.

주양육자의 편안한 감정은 아이의 안정감에 큰 영향을 미친다. 아이가 어릴 때나 어느 정도 성장했을 때도 마찬가지다. 인생에는 평온한 때도 있고 굴곡을 지날 때도 있다. 변화는 피할 수 없다. 일상까지 위협받는 시기도 있다. 힘들 때에도 평온하고 차분했을 때의 루틴을 그대로 유지하는 것이 중요하다. 안정적인 루틴은 아이의 나이나 발달 단계와 상관없이 중요하다. 이런 루틴이 있어야 아이도 완전히 긴장을 풀고 잠이 들 수 있기 때문이다.

수면 의식과 애착 인형은 루틴 형성을 통해 아이를 안심시키는 중요한 역할을 한다.

그래서 수면 교육에 수면 의식과 애착 인형이 중요하다고 하는 것이다. 다시 한번 말하지만, 아이의 신체적, 정서적 안정감을 지켜주도록 노력하는 게 무엇보다 중요하다.

아기가 낮이고 밤이고 잘 자려면 아래와 같은 조건이 필요하다.

- 아이가 충분히 안정감을 느껴야 한다.
- 기본적인 생리적 욕구가 충족돼야 한다.
- 부모님과 애착 형성을 위한 질 높은 시간을 보내야 한다.
- 독립적인 생활 습관을 만들어 나가야 한다.
- 정해진 침대, 정해진 방을 보장받아야 한다.
- 침대에서 안정감을 느껴야 한다.
- 가족 내에서 아이의 자리가 충분히 보장받아야 한다.
- 아이로서의 입장을 존중받아야 한다.
- 부모님은 단호하면서도 너그러워야 한다.

수면 문제를 겪는 상담 가정 아동의 90퍼센트가 혼자 잠들지 않는다. 그래서 낮잠이 짧거나 밤중에 깨는 문제를 겪는다. 아이는 자다 깼을 때에도 잠들기 직전에 갖춰진 조건이 그대로 유지되기를 바란다. 자기 방에서 물이나 우유를 마셔야 잠이 드는 아이라면 밤에 잠이 깨면 다시 잠들려고 젖병을 찾을 가능성이 있다. 품에 안겨야 잠이 든다면 밤중에 깨서도 안아달라고 할 것이다. 공갈 젖꼭지도 마찬가지다. 그렇다면 도대체 어떻게 혼자 잠들도록 도와준다는 말인가?

내가 고안한 크로노도도Chrono-Dodo 수면법이 주목하는 부분이 여기다. 크로노도도는 크게 아이가 잠들도록 도와주는 방법과 한밤중에 자다 깼을 때 다시 재우는 방법, 두 가지가 핵심이다. 크로노도도는 아이가 평온하고 주도적으로 잠을 깊이 잘 수 있도록 도와주는 일종의 수면 교육법이다.

크로노도도는 아이에게 상처 주지 않는다. 그렇다고 해서 아이가 전혀 울거나 화내지 않을 거라는 것도 아니다. 평소 하던 방법과 다른 방법으로 부모가 아이를 재우려 하면, 아이는 변화를 싫어해 불만을 표출할 수 있다. 때문에 아이와 성인의 감정 상태에 대해서 기본적으로 많이 다루었다. 감정 조절에 관한 주어도 많다. 아이가 잠들 때마다, 또 매일 밤마다 같은 방법을 반복하는 것이 중요하다.

수면법을 실천하는데 처음 3~5일이 가장 힘들 것이다. 처음엔 자주 아이 방을 들락날락해야 한다. 반복적이고 주기적으로 상태를 확

16

인해야 아이를 안심시켜 안정감을 줄 수 있다. 아이는 신체적으로도, 심리적으로도 부모가 자기 곁에 있다는 걸 느끼고 싶어 한다. 이 부분이 크로노도도의 가장 중요하게 생각하는 점이다.

방법이 습관이 되는 시간은?

아이가 혼자 알아서 잠들고 통잠을 자는 데는 평균적으로 7일에서 15일의 교육 기간이 필요하다. 혼자 자는 법을 익힌 아이만이 밤에 수면 주기를 이어갈 수 있다. 이 방법은 아이가 평소에 어린이집이나 유치원에 간다면 주말이나 휴가 중에 시작하는 것이 좋다.

아이를 주중에 다른 사람이 돌본다면, 주양육자가 아이를 봐줄 때만 이 방법을 적용해야 한다.

일단 아이가 집에서 안정적으로 잠을 자기 시작해야만, 이 방법을 베이비시터나 어린이집, 혹은 아이를 돌보는 다른 사람도 적용해 볼 수 있다.

잠은 억지로 드는 게 아니다

아이가 잠을 잘 자려면 우선 자신이 안전하다고 느껴야 한다.

그전에 잠만 재우려고 아이를 억지로 안아서 달래면 같은 상황이 발생할 수 있다.

- 잠드는 것은 위험한 일이라고 착각한다.
- 잠에 들지 않으려고 잠을 거부한다.
- 침대에 눕지 않으려고 한다.
- 어른이 떠나지 못하게 하려고 떼를 쓴다.
- 평소 낮잠이나 밤잠을 제대로 못 잘 수 있다.

공갈 젖꼭지나 젖병, 부모님의 품, 그 외 다른 어떤 것이든 아이가 잠이 들기 위해 지나치게 의존하는 것이 있다면, 수면의 질을 떨어트린다.

🦆 애착 인형을 새로운 친구로

애착 인형은 최고의 이행대상Transtional object이다. 영국의 소아과 의사이자 심리학자인 도널드 위니컷은 아동의 발달 과정에서 이행대상이 필수적이라고 본다. (아이는 자기가 원할 때 엄마나 주양육자가 바로 앞에 나타나 답래고 일르해 주길 바라지만 그럴지 무학 때 북아을 덜어주는 대상이 이불이나 인형과 같은 '이행대상'이다. – 편집자주)

아기는 생후 8~9개월까지 엄마가 자신의 일부라고 생각한다. 따라서 엄마가 더 이상 보이지 않으면 엄마를 잃어버렸다고 생각한다. 아기가 애착 인형에 애착을 느끼면, 양육자와 분리되는 순간에 느껴지는 좌절감을 잘 이겨낼 수 있다. 엄마의 대체재인 셈이다.

애착 인형은 아이가 자러 갈 때, 보모나 어린이집 선생님, 유치원 교사, 조부모님, 혹은 베이비시터에게 아이를 맡길 때와 같이 아이가 부모와 분리되는 모든 순간에 함께 할 수 있다. 병원 방문, 장거리 운전, 기차나 비행기 여행, 아이가 아플 때 등 일상에서 힘든 시기를 보낼 때도 유용하다. 애착 인형을 선택하는 방법이나 애착 형성법은 이 책 후반에 설명하겠다.

🔍 수면 교육 전에 알려줄 네 가지

아이가 어느 정도 말을 알아듣는다면, 애착 인형을 같이 앉혀 놓고, 앞으로 어떤 식으로 해 나갈지, 수면 교육 방향성에 대해 설명해 주는 시간을 갖는다.

이때 다뤄야 할 중요한 문장, 네 가지는 다음과 같다.

1 "네가 잠을 잘 자지 못하는 이유는 네가 침대에서 혼자 잠들지 못하기 때문인 것 같아. 지금은 네가 잠들기 위해 (젖병/공갈 젖꼭지/모유/포옹/엄마 아빠)가 필요하지만 그게 없이도 얼마든지 혼자 잠들 수 있어."

-----

2 "네가 잘 자는 건 아주 중요하단다. 왜냐하면 네가 잘 때 쑥쑥 크기 때문이야."

-----

3 "어른들도 모두 어렸을 때 자기 침대에서 잘 자는 법을 배워야 했단다. 나도 내 침대에서 혼자 자는 법을 배웠어. 엄마도, 아빠도, 할머니, 할아버지도, 삼촌도, 고모도."

....

4 "부모로서 우리는 네가 혼자 잘 수 있도록 도와주고 곁에서 지켜봐 줘야 할 의무가 있어. 우리만 믿어. 네가 알아야 할 모든 것을 알려줄게. (애착 인형 이름)도 같이 도와줄 거란다."

....

마지막으로 애착 인형에게 요점을 정리해 주며 마무리한다.

"(애착 인형 이름)아 잘 들었지? 너도 너 혼자 네 침대에서 자는 법을 배울 거야. 화가 나거나 슬플 수도 있어. 그건 지극히 당연한 일이야. 보통 일이 아니지만, 너와 (아이 이름)이라면 할 수 있어. (아이 이름)도 잘 쉬는 법을 배울 거고, 서로 잘 도와줘야 한단다. 우리도 너희 곁에 같이 있을 거야. 이건 다 같이 노력해야만 할 수 있는 일이야."

애착 인형에게 말하면서, 부모는 아이의 무의식에 말을 건다. 어떤 메시지는 애착 인형을 통해 전하는 것이 좀 더 쉽게 전달되기도 한다.

이 네 가지 주요 포인트를 통해 아이는 수면 교육법의 의미를 이해하게 되고, 부모가 아이에게 가이드 역할을 하는 게 정당하다는 느낌을 준다.

📔 너그러운 태도로 말하라

'넌 아이이니까 어른 말을 꼭 들어야 한다'는 식으로 힘의 우위를 두지 말도록 하자. 그럴수록 긴장과 갈등만 유발된다. 아이는 자신이 안전하지 못하다고 느껴 잠을 자지 못할 것이고, 오랫동안 울지도 모른다.

🚗 결국 반복이 중요하다

사전에 수면 시간과 습관을 정해두고 이를 제대로 지켜야만 부모에게도 도움이 되고, 아이도 안정감을 느낄 수 있다. 부모가 방법을 실천하면서도 확신이 없고 머뭇거린다면, 아이도 어색함을 느낀다.

🧸 잠을 중심으로 생각하지 말자

아이가 수면에 어려움을 겪는다고 해서 하루 종일 잠에 대해 말하거나 생각하지 않도록 하자. 우선은 아이가 잠을 이루지 못한다는 사실만 받아들인다. 그리고 아이가 피곤하다는 신호를 보낼 때, 아이에게 침대에 가자고 제안하면 된다.

아이가 잠을 안 자면 어떤 부모들은 이렇게 생각한다.

- '언제 자지?'
- '아이가 잠을 잘까?'
- '얼마나 잠을 잘까?'
- '내가 과연 재울 수 있을까?'

마침내 아이가 잠들면, 이런 생각이 떠오른다.

- '아이가 얼마나 잘까?'
- '금방 깨겠다.'
- '내가 쉴 시간이 좀 되려나?'
- '애가 몇 시쯤 깨려나?'
- '잠을 20분밖에 못 잘 텐데, 피곤해할 텐데.'
- '애가 잠에서 깰 때 기분이 어떨까?'

아이의 수면 문제가 부모의 마음에 큰 자리를 차지하면, 너무 많은 부정적인 기운이 늘어가, 아이도 잠을 제대로 자지 못할 것이다.

🚂 잠은 의무가 아니다

잘 재우기 위해선 잠에 관한 온갖 종류의 명령문을 쓰지 않도록 노력하는 것이 중요하다.

다음과 같은 문장은 특히 금물이다.

- "자야 해."
- "너무 피곤해서, 자야 해"
- "좀 쉬어야겠다."
- "잘 시간이야."
- "코 잘 시간이야."
- "밤이 됐어, 자야 해."
- "꼭 자야 해."
- "어서 쉬어야지, 피곤한데…"
- "낮잠 잘 시간이다. 이제 자자."
- "낮잠 잘 시간이다. 코 자자."

대신 다음과 같이 말해보자.

 낮잠의 경우

◆ "내가 보기에 우리 아가는 이제 좀 쉬어야 할 것 같아, 침대에 가서 잠시 차분한 시간을 보내는 것이 어떨까?

- "내가 보기에 우리 아기가 잠깐 차분한 시간을 보내야 할 것 같아. 침대에 가보면 어떨까?"
- "내가 느끼기에 우리 아기가 쉬는 시간이 필요하구나. 우리 아기 침대에 눕혀 줄게. 자기 싫다면 우리 (애착 인형 이름)하고 이야기를 나눠보렴. 피곤함이 몰려오면, 네 예쁜 눈이 스르르 감길 거란다."

 저녁에 재울 때

- "이제 쉴 시간이구나. 우리 아기 침대에 눕혀 줄게. 자기 싫다면 우리 (애착 인형 이름)하고 같이 이야기를 나눠보렴, 피곤함이 몰려오면, 네 예쁜 눈이 스르르 감길 거란다."

📊 침대를 편안한 공간으로

이 방법을 실천하는 한 주 동안, 가정에서 수면은 매번 아이의 침대에서 하는 편이 좋다.

아이가 피곤해 보일 때마다 침대로 데려다주면서, 아이가 침대를 안전한 공간으로 여기도록 해주자.

🎂 건강이 우선이다

만약 방법을 실천했는데, 아이가 아프거나 이앓이를 한다면 즉시 중단한다. 아이가 다시 건강해지면 그때 가서 다시 처음부터 시도한다.

🏐 아이의 감정을 인정하고 공감해 주자

수면 교육을 시작하면 아이로서는 익숙한 일상의 변화에 대한 불만족을 감정적으로 드러낼 수 있다. 잠들기 전에 엄마나 아빠가 안고 달래주는 데 익숙해진 아이라면, 잠드는 것이 위험할 일이라고 생각할 수 있다. 그러니 혼자 침대에 눕는 것을 좋아하지 않게 된다.

어른은 아이를 위해 습관을 바꾸려 하지만, 아이는 얼마든지 불만을 표출할 수 있다. 이는 지극히 자연스러운 반응이다. 해로운 감정은 없다. 감정을 있는 그대로 받아들이면서 아이에게 자신의 감정을 잘 전달하는 과정이 중요하다.

방법을 실천할 때는 아이를 아주 짧은 시간(최대 10초) 동안만 지켜봐 주되, 꾸준히 규칙적으로 실천해야 한다. 그래야 아이에게 부모를 믿어도 된다는 신뢰를 줄 수 있다.

아이를 최대한 잘 이끌어주려면, 아래 총 다섯 가지 핵심 감정을 이해하자.

'기쁨', '사랑', '두려움', '슬픔', '분노'

수면 교육을 처음 시도할 때 아이가 기쁨이나 사랑은 느끼기 힘들기 때문에 여기서는 두려움, 슬픔, 분노에 대해 설명한다. 구체적으로 각 감정에 대해 살펴보자.

✦✦ 두려움

두려움은 앞으로 발생할 수도 있는 위험에서 출발한다. 닥치지 않은 일을 걱정하며, 가까운 미래에 벌어질지도 모르는 무서운 일이 위험하게 느껴지는 것이다.

어린 시절에 어둠, 늑대, 괴물, 커튼 등에 연관된 두려움은 보편적으로 2세 반에서 3세 때 나타나기 시작한다. 아이가 공포감을 느낀다면 그 감정이 그 나이엔 당연한 일이라고 말해주며 아이를 안심시켜 줄 필요가 있다. 부모 자신도 어렸을 때는 똑같이 두려움을 느꼈되고 아이에게 말해주는 것도 좋은 방법이다.

아이의 표현 방법을 떠나서, 모든 감정은 언어화돼야 한다. 공감해 줄 때도 그렇다.

무서움은 아이의 발달 과정 일부이기에 스스로 극복할 수 있도록 부모가 두려움이라는 감정을 거부감 없이 그대로 받아들여 주는 게 중요하다. 아이의 감정 상태를 인정하고 표현하는 것이 바로 아이를 이해하는 기본 태도다. 아이에게 "나만 믿어, 무서울 때 내가 곁에 있어 줄게"라고 말해주면서 안심시켜 줘야 한다. 아이가 걱정하거나 두려워할 때, 필수적이면서 핵심적인 메시지다.

만약 아이가 어둠, 늑대, 혹은 다른 무언가에 대해 공포심을 느끼는 경우, 10초 동안 아이를 찾아가 안심시켜 주며 얘기해 보자. 어두움을 무서워할 때 이렇게 말하는 것이다.

"우리 (아이 이름)가 무섭구나. 나도 네 나이 땐 어두운 걸 무서워했단다. 안심하렴. 시간이 지나면 괜찮아질 거야. 우리(아이 이름)은 잘할 수 있어. 네가 필요하다면 O분 후에 다시 올게."

(시간관념을 이해하기 어려운 연령대 아이라도 정확히 분 간격을 이야기하라는 게 후반에 나오는 저자 설명입니다. - 편집자주)

✦✦ 슬픔

슬픔은 상실과 관련한 감정이다. 대부분 슬픔은 잠시 찾아왔다 떠나가는 감정이고, 위험하지 않다. 소중한 사람이나, 친구, 살던 집, 반려동물을 떠나보내거나 애착심이 깊은 사물 등을 잃어버렸을 때 슬픔을 느낄 수 있다. 아이 역시 소중했던 무언가가 없어지면 슬픔을 표출하게 된다.

이 책에 나온 수면 교육법은 아이가 혼자서도 편하게 잘 수 있도록 해준다. 하지만 습관화되는 과정이 쉽지 않기에 아이는 때로 슬픔을 느낄 수도 있다. 아이는 잠이 들어야 하기 때문에 엄마 젖, 부모의 품, 곁에 있어 주던 부모, 젖병, 공갈 젖꼭지 등을 '상실'한다. 아이가 우는 것은 대부분 그렇게 잃는 것에 대한 슬픔과 비통함의 표현이다.

따라서 아이가 힘들어한다면 찾아가 살펴보면서 아이가 느낄 상실감을 적절히 해소해 주는 것이 중요하다. 그래야 아이는 어른을 믿을 수 있다고 생각한다.

만약 아이가 슬픔을 표한다면, 10초 동안 아이를 찾아가 감정을 받아들일 수 있도록 해주자. 이를테면 다음과 같이 말할 수 있다.

"우리 (아이 이름), 슬퍼도 괜찮아. 쉽지 않지. 나도 잘 알아. 우리가 곁에 있단다. 네가 필요하다면 O분 후에 다시 올게."

✦✦ 분노

분노는 실망감이나 무력감, 두려움, 혹은 이 세 가지 감정의 집합체다. 사람은 불만족스럽고 좌절할 때 분노를 느낀다. 아이도 자신의 만족감에 '방해'가 되는 것들에 분노한다. 분노는 단순한 투정이나 찌증에서부터 화가 나거나 분노 발작에 이르기까지 다양한 수준으로 표출될 수 있다.

분노는 우리가 쉽게 느끼는 감정이다. 일상에서 불만족을 느낄 상황은 아주 많다.

18개월부터 3세 사이에, 아이는 '좌절 학습'이라고 불리는 발달 단계를 거치게 된다. 사소한 좌절감이나 실망에도 분노의 감정을 자주 표출하는 기간이다.

아이가 좀 더 놀고 싶은데 부모가 아이를 욕조에서 꺼내려고 하거나, 오늘 이야기 시간은 끝났다고 할 때 그럴 수 있다. 이 두 가지 경우에서, 상황에 대한 실망감과 무기력감이 좌절감과 분노를 일으킬 수 있다.

수면 교육을 실천할 때도 아이가 습관의 변화를 받아들이지 못하면 분노를 나타낼 수 있다.

부모의 임무는 아이가 좋지 않은 감정을 나타내더라도 결국 아이에게 좋은 일을 하는 것이다. 그래서 입장을 정하면 단호히 실천해야 한다. 순간이 괴롭더라도 아이에게 도움이 되고 이로운 것이라면 말이다. 그 과정에서 나타나는 아이의 분노를 너그럽게 바라봐 줘야 한다.

부모가 계속 아이를 살펴보면서 아이도 고비를 넘기게 된다. 이때 목적을 분명히 해야 한다. 아이를 달래려 살펴보는 게 아니라 아이에게 부모를 믿어도 된다는 신호를 보내기 위함이다.

10초 동안 아이에게 가서 다음과 같이 응원해 주자.
"네가 화가 많이 났구나. 알겠어. 우리 (아이 이름). 네가 필요하다면, O분 후에 다시 올게."

🚗 비언어적 메시지에 주의하자

아이의 감정을 받아들이고 인정해 주는 것도 중요하지만, 그로 인해 부모가 느끼는 감정을 제어하는 것은 또 다른 일이다. 아이는 어른들의 감정을 완벽히 느끼기 때문에 더욱 중요하다.

상담을 할 때, 부모들에게 예시를 보여준다. 문장 하나를 토씨 하나 바꾸지 않고 세 번 반복해 읽어주는데, 읽을 때마다 톤만 바꿔서 말해 본다.

"그래, (아기 이름), 화났구나, 나도 이해해. 화낼 권리 있고, 당연한 일이야. 그래서 우리가 너를 응원해 주고 도와주려고 여기 있단다. 우리를 믿어도 돼. 네가 필요하다면 1분 후에 올게."

처음에는 일부러 많은 죄책감과 스트레스, 의구심, 걱정 등을 담아 읽는다.
두 번째는 아주 짜증이 나거나 매우 화난 상태로 읽는다.
세 번째는 담담하고 단호하면서도 친절한 어조로 읽는다.

그리고 나서 몇 번째 문장이 마음에 드는지 부모에게 물어보면 90퍼센트가 정답인 세 번째를 택한다. 하지만 많은 부모는 그렇게 차분하고 초연하게 답하기가 쉽지 않다고 고백한다!

첫 번째 톤에 담긴 감정, 생각, 느낌 등을 말로 표현하면 다음과 같다.

- '우리 아가, 가엾기도 하지.'
- '아휴, 내가 지금 무슨 짓인지, 아이가 나를 원망할 거야.'
- '아이가 날 미워할 거야.'
- '아이가 버림받았다고 느낄 거야.'
- '트라우마가 될지도 몰라.'
- '아이가 무서워하는데, 나도 어렸을 때 무서워했는 걸.'
- '아이가 울면 뇌 발달에 좋지 않을 텐데.'
- '어딘가 아플지도 몰라, 혹시 치아가 나오나?'
- '제발, 부탁이야, 그냥 좀 자 주면 안 될까? 너무 피곤해.'

아이가 잠들 때 울음을 보이면 부모들이 자주 느끼는 감정들이 이런 식이다. 그런데도 많은 부모가 첫 번째 어조로 대화하는 경우가 많다.

두 번째 어조에 따른 감정, 생각, 느낌 등은 다음과 같다.

- '도대체 언제 자?'
- '진짜 너무 힘들어, 더는 못해. 어서 좀 자라!'

- '죽어도 밤중 수유는 하지 않겠어!'
- '더는 못 참아. 어서 쉬어야 해!'
- '도대체 언제까지 밤마다 우릴 괴롭힐 작정이지?'
- '얘 때문에 형제자매도 깨겠다.'
- '창문 밖으로 던져버리고 싶다.'

이런 경우 부모는 분노를 느끼고 있다. 이 분노는 위에서 살펴봤듯이 무력감이나 실망, 두려움 등에서 나온다.

두 가지 경우에 부모는 아이에게 아무리 다정하게 하고 싶어도, 자신이 느끼는 감정을 그대로 아이에게 전달하게 된다. 아이가 받아들이는 메시지는 겉으로 드러난 '언어적 메시지'가 아니라 톤이나 어조에 숨은 '비언어적 메시지'다.

아이의 감정, 기분, 태도에 부모가 감정을 상했다고 느낀다면, 이것 또한 아이의 감정 상태에 영향을 미친다.

🧸 평정심 높은 부모가 아이를 안심시킨다

부모 모두 마음이 편한 상태라면 번갈아 가며 아이를 찾아가 안심시켜 주는 것이 좋다.

이때 아이와 같이 있는 시간은 10초 미만으로 짧게 해야 한다. 부모가 곁에 있으니 안심해도 좋다는 메시지를 전하는 것이 방문의 목적이다.

당장 진정하지 않더라도, 아이는 무의식 중에 긍정적인 메시지를 받아들이게 된다.

이때 주의할 것이, 부모 중 한 사람만 찾고 다른 한 부모는 거부하는 아이도 있을 수 있다. 그럼에도 아이의 요구에 반응하지 말고 계획대로 해야 한다. 그렇지 않으면 아이 뜻대로 끌려가는 상황에 처하게 된다.

만약 부모 중 하나가 아이를 진정시키는 데 어려움을 겪는다면, 얘기가 다르다. 어른의 분노, 스트레스, 의심 같은 부정적인 감정을 아이에게 전달하지 않기 위해 좀 더 평정심이 있는 부모가 아이를 봐주는 것이 좋다.

두 부모 모두 감정을 주체할 수 없는 상황이라면 그냥 '허그타임'을 가져보는 방법도 있다.

🚂 필요한 순간, 2분 동안의 '허그타임'

아이의 감정 관리에 부모의 감정은 직접적인 영향을 미친다. 부모의 감정이 흔들리면 아이가 우는 시간이 길어진다. 그런 상황이 되었을 때는 그날의 수면 교육은 단호하게 멈추는 게 바람직하다. 감정이 지나치게 격해졌을 때는 상황이 나아지지 않는다.

허그타임은 수면 교육을 잠시 멈추고, 애정 배터리를 충전하기 위해 아이와 애착 인형 모두 2분 정도 품에 안아주는 휴식 시간이다. 물론 그러고 나서도 아이가 계속 울 수 있다. 그때마다 아이의 눈물과 감정 상태를 이야기해 주며, 받아들여 주는 것이 중요하다. 애착 인형도 안아주면서 인형에게도 슬픔을 느끼고 분노를 표현할 권리가 있음을 보여준다.

허그타임은 낮잠 재우기나 밤잠 재우기에서만 사용할 수 있다. 한밤중에 깬 아이를 안아준다면 밤중에 깨는 것을 축하하고 북돋아 주는 꼴이 된다. 아이가 자다 말고 깼을 때 대처할 방법은 조금 다르다. 밤중일지라도 아이를 안아줄 예외적인 경우는 아래와 같은 경우뿐이다.

- 아이의 건강 상태를 확인(질병, 발열 등)하고 필요한 치료를 해줄 때
- 대변을 봐서 기저귀를 갈아줘야 할 때
- 폭염으로 밤중에도 마실 것을 줘야 할 때
- 아직 밤중 수유를 해야 하는 어린 아기

📶 소음과 정적

아기와 아이들은 주변 상황이나 조건에 상관없이 잘 자는 법을 배워야 한다. 화장실 물 내리는 소리, 방바닥이나 문이 삐걱하는 소리, 옆집에서 TV 보는 소리, 세탁기의 탈수 소리, 다른 형제자매의 노랫소리, 크게 부르짖거나 외치는 소리, 춤추는 소리 등의 생활 소음 상황에서도 마찬가지다.

잠든 아이가 소리로 깨지 않도록 일상생활을 멈춰버리는 부모가 많다. 산책하러 나가면 잘만 자는 아이가 집안에서는 작은 소리에도 민감하게 반응한다고 믿는 것이다. 그런데 산책 중에 자동차 클랙슨 소리, 개들이 짖는 소리, 소방차 사이렌 소리 등이 들려도 잘 자지 않는가?

아이가 밖에서 잘 자는 건 산책 중에 부모가 소음을 두려워하지 않고 스트레스도 받지 않기 때문일지도 모른다. 지나가는 소방관에게 "내 아들이 자니까 사이렌 좀 꺼요!"라 할 수도 없는 노릇이니 말이다. 이런 환경에서 부모는 소음에 대한 집착이 줄어든다.

부모가 소음을 걱정할수록 아이도 예민해지며 발자국 소리 하나에도 반응하는 것이다!

소음에 적응하길 바라며 청소기, 헤어드라이어, 빗소리, 바람 소리 등의 백색 소음을 들려주는 것 또한 불필요하다. 아이는 일상에서 스스로 자는 법을 배워야 한다.

🔔 수면의식

아이를 재우는 순간이나 눕히고 방에서 나오는 때 모두 전략적으로 중요하다.

바로 그 전략의 핵심이 잠자리에 들기 전에 습관화하는 수면의식이다.

수면의식은 침대에 눕기 전, 아이가 부모와의 분리를 예상하고 마음의 준비를 할 수 있는 시간이다. 수면의식 중에는 아빠나 엄마, 혹은 둘 다 들어가도 된다. 아직 아이를 침대에 눕히지 않은 상태에서, 마주 앉아 이야기를 들려주고, 노래를 불러주고, 오늘 하루가 어땠는지 얘기하고, 비밀을 알려주는 시간이다. 이 의식 자체는 15분을 넘으면 안 된다.

핵심은 아이가 잠을 자려고 하는 순간에 자연스럽게 아이와 분리하는 데 있다. 분리의 순간은 신속해야 한다. 이때 부모의 말과 기분 상태로 아이를 안심시켜 주는 메시지를 전달해야 한다.

다음과 같이 무조건 안심만 시키려는 말은 피하는 게 좋다.

"걱정 마 내 아가, 침대에 뉘어줄 테니 천천히 잠들렴, 잠드는 건 무서운 일이 아니야. 네가 필요하면 난 언제나 네 곁에 있고 너는 안전하니까 안심하렴. 혼자서도 잘 잘 수 있어. 바로 옆방에 있으니 필요하면 올게. 정말 사랑해."

대신 이렇게 말하는 편이 좋다.

"우리 아가가 좀 쉴 필요가 있어 보여. 침대에 눕혀 줄게. 자기 싫으면 우리 (애착 인형 이름)하고 이야기를 나누렴. 필요하면 1분 후에 올게."

아무리 부모가 위 두 표현을 다정하고 사랑이 넘치는 목소리로 말해준다 해도, 첫 번째 표현에는 아이의 불안을 유발하는 말들이 포함되어 있다. "걱정 마", "무서워 마", "안심해" 같은 말들은 자는 게 위험한 일인 것처럼 다가올 수도 있고 어른이 느끼는 불안감을 아이도 느낄 수 있게 하는 말이다.

본인이 어릴 때 자면서 불안증을 겪었는지 모르지만, 어쨌든 내가 자려는 데 누가 와서 저런 말을 해주면, 없던 불면증도 생길 것 같다!

두 번째 표현에서는 단호하고 다정하며 안정적이기에 어른은 아무런 두려움 없이 아이를 떠나고 아이는 안심할 수 있다.

아이의 나이와 상관없이 곁에 머무는 시간은 5~10초를 넘기지 않게 해야 한다. 어른이 아이를 떠나고 싶지 않을 수 있는데, 이럴 경우 아이는 더욱 불안한 마음이 커지고 잠드는 걸 거부할 수도 있다. 아이 곁에 오래 있을수록 아이는 엄마 아빠와 헤어지는 순간이 어려워진다.

ⓐ 필요할 때만 찾아가기

아이가 분노나 슬픔, 두려움 같은 감정을 표현해서 아이를 안심시키고 싶다면, 타이밍을 지켜가며 아이 방에 간격을 두고 들락날락하는 것이 중요하다.

주의해야 할 것은 아이가 잠이 드는 과정이나 수면 주기가 바뀌는 과정에서 끙끙거리며 신음하는 경우도 있다는 것이다. 아이의 수면은 차분한 수면과 뒤척이는 수면, 두 가지 모습이 번갈아 가며 나타난다.

뒤척이는 수면에선 아이가 무언가를 쪽쪽 빨거나, 인상을 쓰거나, 울거나, 웃거나, 꿈틀거리거나, 떨거나, 꿍얼거리거나, 거친 호흡을 하며 움직인다. 이럴 때는 아이 방에 들어가다가 오히려 아이를 깨울 수 있으므로 굳이 아이를 달래지 않아도 된다.

아이 울음이 점점 줄어들거나 두세 번 방에 들락날락한 후 아이가 잠잠해졌다면, 방에 들어가지 말아야 한다.

ⓑ 위로는 신속하게

아이를 안심시키려 방에 들어갈 때는 짧게 방문하고 빠르게 나오는 것이 중요하다.

너무 오래 있으면 아이가 감정적으로 반응하거나 어른 또한 감정 상태가 흔들릴 수 있다.

짧은 방문의 목적은 아이를 달래주는 게 아니라 필요시 어른이 있다는 것을 알게 하는 것이다.

아이가 벌떡 일어나 애착 인형과 공갈 젖꼭지를 팽개쳐 버린다면, 찾아갔을 때 단 한 번만 떨어진 물건들을 주워주고 아이를 침대에 뉘어준다. 이때에 부드러운 말도 함께 한다.

방을 떠날 때에 아이가 다시 물건을 집어던져버렸다면, 다음번에 어른이 찾아올 때까지 아이는 기다려야 한다.

🔍 아이가 필요하면 다시 돌아오기

아이 방에서 나올 때는 항상 마지막에 "네가 필요하면, 15초 (혹은 30초, 아니면 1, 2, 3분) 후 올게"라고 말해 준다. 아이는 시간 개념이 없지만, 아빠나 엄마가 자신이 필요한 경우 다시 와준다는 걸 이해한다.

🐻 부모 역할 수행하기

부모의 역할은 부모 된 사람이 아이에게 보여줘야 할 자세를 뜻한다. 이 자세란 것이 일상의 다양한 상황 속에서 말이나 행동이 될 수도 있고, 포옹이나 경청, 아이와 기쁜 마음으로 나눈 것이 될 수도 있다.

그러나 그 자세 중에는 부모로서의 권위도 해당된다. 이는 아이와 좋은 사이를 이어나가되 단호함을 보이기도 하며 규칙과 타인을 존중할 수 있도록 기르는 일이다. 오랜 시간이 걸리며 어른으로서 아이에게 무엇을 전해줘야 하는지 알고 있어야 한다.

아이가 주도적으로 숙면을 할 수 있도록 이끌어줄 때에 부모는 부모로서의 역할을 수행하는 것이다. 이 부분을 잘 수행해야 수면 교육을 성공할 수 있다.

부모의 역할은 다음과 같은 생각에서 벗어나는 것도 포함된다.

- '아이가 우리랑 자고 싶어 해.'
- '아이가 파스타만 먹고 싶어 하네.'
- '아이가 채소를 먹기 싫어해.'
- '아이가 혼자 놀기 싫어해.'
- '항상 TV만 보고 싶어 해.'
- '14살인데, 벌써 자정에 들어오고 싶어 해.'

6개월 아가가 자신에게 좋은 게 무엇인지 모르듯이, 아이도 한 살이든, 세 살이든, 여섯 살이든, 열네 살이든 자신에게 좋은 게 무엇인지 알 수 없다.

그러니 다음과 같은 생각을 믿자.

'나는 우리 아이에게 필요한 것을 해주고 있다.'

🚗 감정을 추스르는 법 배우기

아이의 다양한 감정은 자연스럽고 유익한 것이라고 앞서 설명했다. 이는 어른의 감정도 마찬가지다. 하지만 어른의 감정 상태가 아이의 감정 상태를 좌우하는 경우가 많다.

아이가 화나거나 슬퍼서 울 때, 엄마도 감정적으로 흔들려서 악순환에 빠지면 안 된다. 이런 상황에서는 좀 더 차분한 상태에서 아이를 이끌어야 하므로 방에서 나와 자신의 감정을 먼저 추스를 것을 추천한다.

감정을 추스를 때 효과적인 활동 두 가지가 있다.

✦✦ 호흡에 집중하기

호흡에 집중하는 것은 정신집중, 명상, 요가, 필라테스, 심박수의 균일화 등에 있어서 가장 기본이 되는 훈련이다. 어른이 자신의 들숨과 날숨에 집중하게 되면, 아이의 감정에서 분리될 수 있다. 따라서 더 안정적이고 차분하게 아이를 달래줄 수 있다. 이 부분에서 도움을 받고 싶다면 다양한 마음 다스리기 호흡법이 존재한다.

✦✦ 이상적인 생각, 마음을 키우기

논리적 사고와 마음을 키워주는 활동이나 놀이를 해보자. 스도쿠, 체스, 스크래블, 장부 정리, 논리력 테스트, 아니면 캐스트퍼즐 등도 불편한 감정에서 벗어나게 해 주는데 유용하다.

이성적인 사고를 하게 되면, 감상에 빠질 시간이 없는 것이다.

🧸 아이를 덥게 입히지 않기

수면 교육 초기 단계에서는 아이가 수차례에 거쳐 불만을 표출할 수도 있고 계속해서 힘을 쓰다 보면 열이 오를 수 있다. 더워할 수 있으니 너무 두꺼운 잠옷을 입히지 않도록 한다.

🚂 수면과 수유를 분리하기

모유 수유나 분유 수유는 낮 동안에 생활하는 공간에서 한다.
아이가 밤에도 수유를 한 번 하는 경우에는 방에서 줘도 된다.

📊 수유는 영양 보충의 수단

아이가 잠들기 위해 엄마 젖을 찾기 시작할 경우, 엄마는 아이를 가슴에서 떼어내 침대에 가자고 설득한다. 아이를 위로해 주고 싶다면, 엄마나 아빠, 혹은 애착 인형과 안게 하자.

🛕 변화에 대비하기

독립적인 아이로 기른다는 것은 아이를 내 시야에서 분리해야 한다는 것을 뜻한다. 어떤 부모들은 이 방법을 실천하기 전에 스스로 마음의 준비를 해야 할 것이다. 우울한 마음이 밀려올 수도 있지만 새로운 출발을 해야 하는 순간이다.

🕐 효과를 보기까지 기다릴 것

아이가 부모에게 다른 방식으로 의지할 수 있다는 사실을 깨닫기까지는 시간이 걸린다. 부모와 아이 모두에게 일종의 적응 기간인 셈이다.

부모가 여러 번 아이를 보러 오면 아이는 안심하고 부모의 뜻을 따르게 된다. 다정하고 안심되는 말에 안전하다고 느낀다. 그렇게 아이 스스로 평온하게 잠자리에 들고, 밤에 깨도 다시 잠드는 것이 가능해지는 것이다.

모든 배움이 그러하듯, 어른의 인내심과 넓은 마음, 사랑이 필요하다. 수면 교육을 실시하고 평균 5일에서 7일이 지나야 효과가 보이기 시작한다.

크로노도도 실천하기

잠들기도 배변 훈련이나 절망의 학습처럼 일종의 '배움'이다. 수면 교육을 시작하면, 아이 입장에서 익숙해진 생활 속 반복을 부모가 바꾸는 것이기 때문에, 불만을 표현하게 될 것이다.

양육자가 둘 다 동의하는 수면 교육법을 찾고, 교육 중에는 서로를 지지해 주는 것이 중요하다.

아이의 나이와 필요에 따라 방법 1, 방법 2, 방법 3 중에 선택하면 된다.

생후 12~14개월 전 아기에게는 방법 1을 추천한다.

방법 2는 12~14개월부터 만 3, 4세까지 아이에게 추천한다.

마지막으로 방법 3은 좀 더 큰 아이나, 매일은 아니지만 가끔 혼자 자는 걸 어려워하거나, 한밤중에 깨는 아이에게 쓰면 좋다.

어떤 방법을 선택하든 아래 사항은 공통이다.

- 아이 곁에는 10초 이상 머물지 말라.
- 품에 안아주는 시간은 2분.
- 10분 동안의 차분한 시간은 침대 밖에서 진행한다. 아이가 1세 미만이라면 아예 아이 방에서 나와 거실에서 진행하고, 1세 이상이라면 아이 방에서 진행한다.

아래의 방법을 요약해 이 책의 끝에 표로 정리해 두었다. 표를 잘라서 잘 보이게 냉장고 위에 붙여도 좋고, 거실 벽에 붙여 둬도 좋다.

 생후 12~14개월 미만의 아이들을 위한 독립적으로 잠드는 법

재울 때 (낮밤 둘 다 해당)

 첫날과 둘째 날

ν 아이를 침대에 눕히면서 아이가 필요하다면 15초 후에 돌아오겠다고 말해준다.
ν 빨리 방을 나간다.

- √ 15초 동안 밖에 있는다.
- √ 아이가 감정적으로 반응하면 10초 동안 아이 곁에 있어 준다. 아이를 진정시키는 것이 아니라 응원해 줘야 한다. 필요할 경우 15초 후에 다시 온다고 말한다.
- √ 15초 동안 밖에 있는다.
- √ 아이가 여전히 감정적이라면 10초 동안 다시 아이 곁에 있어 준다.
- √ 15초 동안 밖에 있는다.
- √ 아이가 여전히 감정적이라면 10초 동안 다시 아이 곁에 있어 준다.
- √ 15초 동안 밖에 있는다.

⭐ 만약 아이나 어른이 감정이 거세질 경우, **2분 동안 안아주며 휴식한다.** 아이와 애착 인형을 함께 안아 준다. 감정을 받아들이는 것을 잊지 말자.

- √ 아이를 다시 침대에 눕힌다.
- √ 빨리 방을 나온다.
- √ 30초 동안 밖에 있는다.
- √ 아이가 운다면 10초 동안 다시 아이 곁에 있어 준다. 아이를 진정시키려 하지 말고, 아이가 부모를 믿고 의지할 수 있음을 표현하자.
- √ 30초 동안 밖에 있는다.
- √ 아이가 여전히 감정적이라면 10초 동안 다시 아이 곁에 있어 준다.
- √ 30초 동안 밖에 있는다.
- √ 아이가 여전히 감정적이라면 10초 동안 다시 아이 곁에 있어 준다.

∨ 30초 동안 밖에 있는다.

⭐ 만약 아이나 어른이 감정이 거세질 경우, **2분 동안 안아주며 휴식한다.** 아이와 애착 인형을 품에 안아 준다. 감정을 받아들이는 것을 잊지 말자.

∨ 아이를 다시 침대에 눕힌다.
∨ 빨리 방을 나온다.
∨ 45초 동안 밖에 있는다.
∨ 아이가 운다면 10초 동안 다시 아이 곁에 있어 준다. 아이를 진정시키려 하지 말고, 아이가 부모를 믿고 의지할 수 있음을 표현하자.
∨ 45초 동안 밖에 있는다.
∨ 아이가 여전히 감정적이라면 10초 동안 다시 아이 곁에 있어 준다.
∨ 45초 동안 밖에 있는다.
∨ 아이가 여전히 감정적이라면 10초 동안 다시 아이 곁에 있어 준다.
∨ 45초 동안 밖에 있는다.

이렇게 3세트를 마무리했다면, 아이와 부모의 감정 상태에 따라 선택할 수 있는 옵션은 다음과 같다.

옵션 1 아이가 잔다. (방법 시도 초기엔 일어나지 않는 일이다.) 혹은 아이가 침대에 차분히 누워있다. 그럼, 방에 들어가지 말아야 한다.

옵션 2 아이를 침대에서 꺼내 10분 동안 차분한 시간을 갖는다. 돌을 맞이하기 전 아기는 거실에서, 좀 더 큰 아이는 아이의 침실에서 보내면 된다. 그러고 나서 다시 1세트부터 시작한다.

옵션 3 어른의 감정 상태가 차분하다면, 3번째 세트를 반복한다.(즉, 45초 네 번 반복) 그다음에 10분 동안의 차분한 시간(옵션 2)을 보낸 후 처음부터 다시 시작한다.

옵션 4 늘 하던 대로 아이를 재운다. 수유하거나, 안아 주거나, 공갈 젖꼭지를 물리거나, 유모차에 태우거나, 같이 자거나 한다. 첫 며칠 동안은 이 옵션을 추천한다.

이 방법은 최대 2번까지만 반복한다. 2번 반복했다면 반드시 옵션 4로 마무리해야만 한다.

📅 3일에서 4일 차

1~2일 차와 똑같이 진행하되, 밖에 나가 있는 시간을 좀 더 늘린다.

∨ 첫날과 둘째 날의 방법으로 진행하며, 45초 기다리기로 4회 반복한다.
필요한 경우 2분 동안 안아주며 휴식

∨ 첫날과 둘째 날의 방법으로 진행하며, 1분 기다리기로 4회 반복한다.
필요할 경우 2분 동안 안아주며 휴식.

∨ 첫날과 둘째 날의 방법으로 진행하며, 2분 기다리기로 4회 반복한다

그다음에는 아이와 부모의 감정 상태에 따라 옵션 1, 2, 3, 4중에 선택한다.

📅 5일에서 6일 차

3에서 4일 차와 같으나 옵션 4를 하지 않는다.

📅 7일 차

1세트당 밖에 나가 기다리는 것을 3번으로 줄인다.

˅ 첫날과 둘째 날의 방법으로 진행하며, 1분 기다리기로 3회 반복한다.

필요할 경우 2분 동안 안아주며 휴식.

˅ 첫날과 둘째 날의 방법으로 진행하며, 2분 기다리기로 3회 반복한다.

필요할 경우 2분 동안 안아주며 휴식.

˅ 첫날과 둘째 날의 방법으로 진행하며, 3분 기다리기로 3회 반복한다.

아이와 부모의 감정 상태에 따라 옵션 1, 2, 3중 고르기.

📅 8일 차 이후부터

˅ 첫날과 둘째 날의 방법으로 진행하고 기다림은 1분으로 한다.

˅ 첫날과 둘째 날의 방법으로 진행하고 기다림은 2분으로 한다.

˅ 첫날과 둘째 날의 방법으로 진행하고 기다림은 3분으로 한다.

필요할 경우 2분 동안 안아주며 휴식.

˅ 첫날과 둘째 날의 방법으로 진행하며 3분 기다리기로 3회 반복한다.

필요할 경우 2분 동안 안아주며 휴식.

˅ 첫날과 둘째 날의 방법으로 진행하며, 4분 기다리기로 3회 반복한다.

아이와 부모의 감정 상태에 따라 옵션 1, 2, 3중 고르기.

📅 첫 주차

옵션 4대로, 아이를 늘 하던 대로 재운다. 수유하거나, 안아 주거나, 공갈 젖꼭지를 물리거나, 유모차에 태우거나, 같이 자거나 등등.

1주가 지나가도 한밤중에 아이가 깬다면

📅 첫 4일 동안

∨ 첫날과 둘째 날의 방법으로 진행하며, 3분 기다리기로 4회 반복한다. 그리고 옵션 4.

📅 5에서 6일 차

∨ 첫날과 둘째 날의 방법으로 진행하며, 3분 기다리기로 5회 반복한다. 그리고 옵션 4.

📅 7일 차 이후

필요할 때, **4분마다** 한 번씩 아이를 들여다본다. 아이가 잠들 때까지 반복한다.

재울 때 (낮밤 둘 다 해당)

📅 **첫날, 둘째 날, 셋째 날**

- ∨ 아이를 침대에 눕힌다.
- ∨ 빨리 방을 나간다.
- ∨ 1분 동안 밖에 있는다.
- ∨ 아이가 감정적으로 반응하면 10초 동안 아이 곁에 있어 준다. 아이를 진정시키는 것이 아니라 응원해줘야 한다.
- ∨ 1분 동안 밖에 있는다.
- ∨ 아이가 여전히 감정적이라면 10초 동안 다시 아이 곁에 있어 준다.
- ∨ 1분 동안 밖에 있는다.
- ∨ 아이가 여전히 감정적이라면 10초 동안 다시 아이 곁에 있어 준다.
- ∨ 1분 동안 밖에 있는다.

⭐ 만약 아이나 어른이 감정이 거세질 경우, **2분 동안 안아주며 휴식한다.** 아이와 애착 인형을 품에 안아 준다. 감정을 받아들이는 것을 잊지 말자.

- ∨ 아이를 다시 침대에 눕힌다.
- ∨ 빨리 방을 나온다.

- ∨ 2분 동안 밖에 있는다.
- ∨ 아이가 운다면 10초 동안 다시 아이 곁에 있어 준다. 아이를 진정시키려 하지 말고, 아이를 응원해 준다.
- ∨ 2분 동안 밖에 있는다.
- ∨ 아이가 여전히 감정적이라면 10초 동안 다시 아이 곁에 있어 준다.
- ∨ 2분 동안 밖에 있는다.
- ∨ 아이가 여전히 감정적이라면 10초 동안 다시 아이 곁에 있어 준다.
- ∨ 2분 동안 밖에 있는다.

⭐ 만약 아이나 어른이 감정이 거세질 경우, 2분 동안 안아주며 휴식한다. 아이와 애착 인형을 품에 안아 준다. 감정을 받아들이는 것을 잊지 말자.

- ∨ 아이를 다시 침대에 눕힌다.
- ∨ 빨리 방을 나온다.
- ∨ 3분 동안 밖에 있는다.
- ∨ 아이가 운다면 10초 동안 다시 아이 곁에 있어 준다. 아이를 진정시키려 하지 말고, 아이가 부모를 밀고 의지할 수 있음을 표현하자.
- ∨ 3분 동안 밖에 있는다.
- ∨ 아이가 여전히 감정적이라면 10초 동안 다시 아이 곁에 있어 준다.
- ∨ 3분 동안 밖에 있는다.
- ∨ 아이가 여전히 감정적이라면 10초 동안 다시 아이 곁에 있어 준다.
- ∨ 3분 동안 밖에 있는다.

이렇게 3세트를 마무리했다면, 아이와 부모의 감정 상태에 따라 선택할 수 있는 옵션은 다음과 같다.

옵션 1 아이가 잔다. (방법을 며칠 반복하고 나기 전엔 이런 일은 일어나지 않는다.) 혹은 아이가 침대에 차분히 누워있다. 그럼, 방에 들어가지 말아야 한다.

옵션 2 아이를 침대에서 꺼내 아이 침실에서 10분 동안 차분한 시간을 갖는다. 그러고 나서 다시 1세트부터 시작한다.

옵션 3 어른의 감정 상태가 차분하다면, 3번째 세트를 반복한다. (즉, 3분 네 번 반복) 그러고 나서 10분 동안의 차분한 시간(옵션 2)을 보내고 나서 처음부터 다시 시작한다.

옵션 4 전에 하던 대로(부모가 곁에 있어 주거나, 안아주거나, 공갈 젖꼭지를 물리거나 등) 아이를 재운다. 첫 며칠 동안은 이 옵션을 추천한다.

이 방법은 최대 2번까지만 반복한다. 2번 반복했다면 반드시 옵션 4로 마무리한다.

📅 4일 차

1~3일 차와 똑같이 진행하되, 옵션 4를 제외한다.

∨ 1~3일 차의 방법으로 진행하며, 1분 기다리기로 4회 반복한다.
필요할 경우 2분 동안 안아주며 휴식.

∨ 1~3일 차의 방법으로 진행하며, 2분 기다리기로 4회 반복한다.

필요할 경우 2분 동안 안아주며 휴식.

ˇ 1~3일 차의 방법으로 진행하며, 3분 기다리기로 4회 반복한다.

옵션 1, 2, 3, 4중에 선택한다.

📅 5일 차

한 세트당 밖에 나가 기다리는 것을 3회로 줄이고, 총 4세트 반복한다.

ˇ 1~3일 차의 방법으로 진행하며, 1분 기다리기로 3회 반복한다.

필요할 경우 2분 동안 안아주며 휴식.

ˇ 1~3일 차의 방법으로 진행하며, 2분 기다리기로 3회 반복한다.

필요할 경우 2분 동안 안아주며 휴식.

ˇ 1~3일 차의 방법으로 진행하며, 3분 기다리기로 3회 반복한다.

필요할 경우 2분 동안 안아주며 휴식.

ˇ 1~3일 차의 방법으로 진행하며, 4분 기다리기로 3회 반복한다.

아이와 부모의 감정 상태에 따라 옵션 1, 2, 3중 고르기.

📅 6일 차 이후부터

ˇ 1~3일 차의 방법으로 진행하며, 1분 기다리기로 진행한다.

ˇ 1~3일 차의 방법으로 진행하며, 2분 기다리기로 진행한다.

ˇ 1~3일 차의 방법으로 진행하며, 3분 기다리기로 진행한다.

필요할 경우 2분 동안 안아주며 휴식.

∨ 1~3일 차의 방법으로 진행하며, 3분 기다리기로 3회 반복한다.
필요할 경우 2분 동안 안아주며 휴식.

∨ 1~3일 차의 방법으로 진행하며, 4분 기다리기로 3회 반복한다.
아이와 부모의 감정 상태에 따라 옵션 1, 2, 3중 고르기.

밤중에 깰 때

첫 4일 동안

∨ 1~3일 차의 방법으로 진행하며, 4분 기다리기로 4회 반복한다.
그리고 옵션 4 (아이를 전에 하던 방식으로 재운다 : 공갈 젖꼭지, 수유, 안아 주기 등)

5에서 6일 차

∨ 1~3일차의 방법으로 진행하며, 4분 기다리기로 5회 반복한다.
그리고 옵션 4.

7일 차 이후

필요할 때, **4분마다** 한 번씩 아이 곁에 10초씩 있어 준다. 아이가 잠들 때까지 반복한다.

방법 3 잠드는 문제와 밤중에 깨는 문제가 가끔 생기는 아이의 경우

재울 때 (낮밤 둘 다 해당)

 매일

∨ 1~3일 차의 방법으로 진행하며, 1분 기다리기로 진행한다.

∨ 1~3일 차의 방법으로 진행하며, 2분 기다리기로 진행한다.

∨ 1~3일 차의 방법으로 진행하며, 3분 기다리기로 진행한다.

필요할 경우 2분 동안 안아주며 휴식.

∨ 1~3일 차의 방법으로 진행하며, 3분 기다리기로 3회 반복한다.

필요할 경우 2분 동안 안아주며 휴식.

∨ 1~3일 차의 방법으로 진행하며, 4분 기다리기로 3회 반복한다.

10분 동안 아이 침실에서 차분한 시간을 갖고 나서 처음부터 다시 시작한다.

밤중에 깰 때

필요할 경우 **4분마다** 한 번씩 아이 곁에 10초씩 있어 준다. 아이가 잠들 때까지 반복한다.

Part 2

당신의 아이가
잠을 **못** 자는 이유

수면 환경 확인해 보기

수면은 분리의 문제다. 아이가 분리를 얼마나 잘 받아들이고, 가족 모두가 각자의 지정된 자리를 잘 지키는지에 따라, 제대로 분리의 경험을 할 수 있다고 이미 앞에서 설명했다. 이게 잘 안될 경우, 아이의 수면은 쉽게 동요된다. 내가 현장에서 상담했던 몇 가지 상황을 소개한다.

싱글맘과 오이디푸스 콤플렉스

만 4세 반 에두아르의 사례

에두아르의 엄마 가브리엘이 상담을 요청했다. 아이가 돌 이후부터 엄마와 잤는데 크면 자기 방에서 자겠지 싶었으나 그렇지 못했다고 한다.

상담을 시작하면서 에두아르의 이야기를 처음부터 꼼꼼히 짚어보았다. 부부는 아이를 원했지만, 이렇게 빨리 임신이 될 줄은 몰랐다고 한다. 조금 통증이 있었던 것을 빼면 임신 시간은 무탈하게 지나갔다. 아기가 머리의 방향이 반대여서 제왕절개로 태어났지만 출산 과정에 대한 부모의 기억도 좋게 남아 있고, 출산 준비도 잘했다.

아이가 3개월이 됐을 때, 부부는 큰 위기를 겪었고 결국 12개월이 될 무렵 결별하게 되었다. 친권은 문제가 되지 않았고, 가브리엘이 주도적으로 결별을 원했다. 그녀의 부모도 자신이 만으로 한 살일 때 헤어졌다고 한다. 그녀가 부모 세대의 경험을 반복하고 있을 가능성이 크다.

아이는 2주마다 한 번씩, 또 학교 방학 기간 중 절반을 아빠 집에서 산다. 아빠와의 관계는 상대적으로 좋은 편이고 아빠 집에선 자신의 방 침대에서 잔다.

엄마는 아이에게 여러 차례 자기 방에서 자야 한다고 설명해 주었지만 "매번 울고불고 난리가 난다"라고 설명한다. 그녀는 아들과의 갈등을 통제하기가 힘들고, 금방 포기한다.

엄마는 사람을 거의 안 만나고, 아이가 아빠 집에 있을 때도 외출하는 경우가 적다. 그녀는 아들이 전부라고 말하고, 같이 잘 때가 행복하다고 말하지만 지금 상황이 바람직하지 못하다는 것은 알고 있다.

나는 둘의 관계가 해롭다고 보기 때문에 염려스럽다. 아들이 오이디푸스 콤플렉스를 겪고 있으며 자신이 엄마와 사랑에 빠졌다고 믿을 가능성이 있다. 또한 자기가 엄마 곁에 있어야 엄마가 행복하다고 생각할 수 있다. 이는 아이에게 많은 불안감을 일으킬 수 있고, 평온하게 성장하는데 방해가 될 수 있다.

아이가 한 번도 자기 방 침대에서 잠을 자지 않은 이유는 엄마가 같이 잘 때 행복하다고 느끼기 때문일 것이다. 그러나 잠은 부부나 연인들이 같이 자는 것이다. 어른들이 아이를 보호해야지, 그 반대가 되어선 안 된다.

 나의 조언

✦ 엄마가 직장 외의 사회생활을 할 수 있도록 다른 활동에 가입해본다.

✦ 아이에게 각자의 자리를 설명해 준다. 예를 들어, 이렇게 말할 수 있다. "나는 네 엄마고 너는 내 아들이야. 나는 너를 아주 많이 사랑하지만 그건 연인들의 사랑과는 달라. 자신의 엄마, 아빠, 아들, 딸, 형제, 자매들, 혹은 삼촌, 숙모, 할아버지 할머니와 연인이 되는 것은 금지되어 있어. 자기 가족 하고는 연인이 될 수 없단다. 예전에 내 연인은 네 아빠였어, 그래서 네가 태어났지만 우린 이제 더 이상 서로를 사랑하지 않기 때문에 같이 살고 있지 않은 거야. 언젠가, 엄마에게 새로운 연인이 생길 수도 있어, 그땐 그가 내 옆에서 자겠지만 지금은 엄마 혼자 잘 거야. 안심하렴. 아들을 향한 엄마 아빠의 사랑은 무슨 상황에서도 없어지지 않는단다."

- ✦ 부모 침실에서 이야기, 놀이 등을 피한다.
- ✦ 아이가 자신의 침대와 방에 익숙해지도록 돕는다.
- ✦ 필요한 경우 아이 아빠나, 친구, 혹은 할아버지 등 제3의 남자가 엄마와 아이를 돕도록 한다.

형제자매가 엄마 아빠를 독점할 때

 20개월 마티스의 사례

로렁스와 막성스의 둘째 아들 마티스가 밤마다 깨어나기에 내게 도움을 청한다. 마티스는 차분하고 사려 깊은 아기고, 천천히, 착하게 "싫어"를 표현하기 시작했다. 부부에겐 네 살 된 큰아들 야니스도 있다.

처음부터 짚어보니 부부는 둘째를 원하고 있었고, 임신과 출산 모두 잘 흘러갔다. 태어나고 나서도 특별한 걱정거리가 없었지만, 돌이 지나면서부터 한밤중에 깨는 일이 벌어졌다. 잠에서 깨어날 별다른 원인도 없었는데 말이다.

부부는 아들이 매우 차분했다고 말한다. 정말 예외적인 경우에만 짜증을 부렸고, 미소가 많은 아기였다. 낮에는 완벽한 아이였지만, 밤이면 엄마와 아빠의 품을 찾고, 놀고 싶어 하며 완전히 다른 태도를 보인다. 젖병도 줘봤지만, 아이는 거부했다.

아들 둘 다 각자 방이 있고, 두 방은 거리가 떨어져 있다. 따라서 둘째가 형을 깨울까 봐 걱정할 필요는 없다. 아이는 혼자 침대에서 잠들고, 애착 인형과 젖꼭지를 챙겨 자며, 자다 깼을 때 젖꼭지를 알아서 잘 찾아 문다. 따라서 젖꼭지가 빠져서 우는 것은 아니다.

부모에게 가족들의 습관과 리듬에 관해 물어본다.

⏰ 전형적인 저녁 일과

6시 : 엄마가 학교와 어린이집에서 아이들을 데려온다.

6시 30분 : 집에 도착. 야니스가 엄마를 많이 찾아, 엄마는 야니스와 놀아주고 마티스는 혼자 따로 논다.

7시 : 엄마는 재빨리 마티스와 야니스 순서로 목욕시킨다.

7시 30분 : 저녁 식사 시간. 마티스는 혼자 먹고, 야니스는 도움을 청하고, 말도 많이 하고, 질문도 많다.

8시 10분 : 엄마가 마티스를 재우러 가고, 마티스는 금방 잠이 든다. 그러고 나서 이야기와 관심을 많이 요구하는 야니스를 돌본다.

8시 30분 : 아빠가 퇴근한다.

9시 : 두 아이 다 잔다.

첫째 야니스가 가족에서 차지하는 비중이 커 보인다. 둘째는 좀 더 독립적이고 차분하며 사려 깊다 보니, 조금은 '잊힌 존재'가 된다. 주말이나 여행 등, 가족이 함께 시간을 보내는 때는 어떤지 물어봤다. 엄마 아빠의 설명에 따르면, 야니스와 많은 상호 작용을 하고, 마티스는 거실과 자기 방에서 혼자 놀며 비교적 쿨 한 편이라고 한다.

내 가정 중 하나는 아이가 낮에는 차지 못하는 자신만의 자리를 밤에 찾으려 하는 것이 아닐까였다. 따라서 부부에게 아이와 보내는 즐거운 시간을 첫째와 둘째 모두에게 똑같이 나누는 노력을 기울여 볼 것을 제안한다.

 나의 조언

✦ 단둘이서만 보내는 질 높은 시간을 두 명의 아이와 함께 가지 도록 한다. 둘이 하는 놀이나, 공원 산책, 자전거 타기, 다양한 활동 등 가능한 시간과 아이의 나이를 고려해 진행한다.

✦ 형제는 서로가 보내는 질 높은 시간을 지켜줄 줄 알아야 한다.

✦ 아이 둘 다 각자의 수면 의식을 실천한다.

✦ 가족이 다 함께 참여하는 놀이를 한다.

부모와 한 침대에서 같이 자기

 2실 두이의 사례

파트리시아와 로뮤알드는 밤마다 침대로 찾아드는 아들 루이 때문에 도움을 요청해 왔다. 이런 현상은 6개월 전부터 시작되었다고 한다. 밤에 아들이 깨면, 옆방에서 자는 다섯 살인 누나 알리제가 깰까 봐 부모의 침실로 데려왔다고 한다.

루이는 나이에 맞는 침대에서 자고, 자기 방이 따로 있지만, 굳이 자기 방에서 자고 싶어 하지 않는다. 저녁에는 부모님 방 침대에서 혼자 잠든다. 주말 낮잠도 부부의 침대에서 잔다. 저녁에 아이가 잠들고 나서야 아빠가 아이의 침대에 데려다 눕힌다.

임신과 출산 중에 딱히 큰일은 없었다. 알리제는 남동생이 생겼을 때 조금 질투심을 느끼기는 했지만, 오래가지 않았다. 모든 형제 관계가 그렇듯, 둘이 종종 투닥거리기는 하지만, 누나는 동생을 아주 아낀다.

두 아이 방이 나란하게 붙어있는데 방음이 약해 서로를 깨울까 봐 부부는 걱정이다. 남동생이 자기 방 침대에서 노래를 부르고 있으면, 알리제는 자고 싶은데 동생 때문에 시끄럽다고 한다. 그래서 알리제라도 푹 쉴 수 있도록, 루이를 부부의 침대에서 재우기 시작한 것이다. 그 이후, 아이가 부모 방에서 자는 것은 습관이 되었다.

부부는 작은 충돌이 발생하면 바로 대화해서 풀어내며 좋은 사이를 유지하고 행복한 상태다. 무엇보다 기회가 될 때마다 둘만의 시간을 갖기 위해 아들을 제 침대에 재워보려고 노력을 많이 했다.

"저녁에 아이를 자기 침대에서 재우려고 시도하면, 매우 화를 내요. 밤에도 자기 방 침대에 데려가면 소리를 질러요. 도저히 양보할 생각이 없고 울기를 멈추지 않아요. 모두가 잠들려면, 부모가 포기하는 수밖에 없어요. 자랑스럽지는 않지만, 너무 진이 빠졌어요." 아빠는 고백한다.

⏰ 전형적인 저녁 일과

7시 45분 : 누나는 쉬하고 이를 닦는다. 남동생도 이를 닦기 시작하고, 엄마가 기저귀를 갈아준다.

8시 : 부모 방 침대에서 가족 모두가 모여 앉아 이야기를 들려준다.

8시 15분 : 아빠가 누나방에 가서 이야기를 들려준다. 남동생은 엄마와 마지막으로 하나 더 이야기를 들은 뒤, 엄마가 나가면 부모 침대에서 혼자 잠이 든다.

11시경 : 부부가 자러 가면서, 아빠가 아이를 아이 침대에 데려다 눕힌다.

새벽 3시경 : 아이가 다시 부모 침대로 자러 온다.

아이가 부모 침대에서 잠드는 버릇이 생기면서 한밤중에 깨서도 부모 침대에서만 잠이 드는 것으로 보인다. 어느 한 장소에서 잠들었는데, 완전히 다른 장소에서 깨어나는 것은 아이에게 굉장한 불안증을 유발하는 일이다. 어른도 거실 소파 위에서 잠들었다가, 한밤중에 자기 침대 위에서 깨어나면 갑자기 불안감을 느끼지 않겠는가? 아이들도 마찬가지다.

나의 조언

✦ 아이는 자기 침대에서 잠드는 법을 다시 배워야 한다.

✦ 형제자매는 일상 속 소음이나 동생의 울음소리 등에도 잘 자는

법을 배운다.

✦ 이야기를 들려주는 것이나 차분한 놀이는 침실보다는 기왕이
　면 낮에 시간을 보내는 생활공간에서 하도록 한다.

✦ 한밤중에 깰 경우, 책에 나온 방법을 실천한다.

아이가 집에서 왕일 때

 3살 쟌느의 사례

에밀리와 로렁은 매일 밤 안아달라고, 이야기를 들려 달라고 깨서 보채는 딸 쟌느 때문에 연락해 왔다. 그들은 소아과의사, 물리치료사, 아동 정신의학자, 심리학자 등을 찾아가 보았지만, 모두 아이가 정상이라는 소견을 받았다.

쟌느는 그들의 외동딸로 학교에 잘 다니며 생활하고 있다. 그래서 더욱 아이가 잠을 못 자는 원인을 찾고 싶어 내게 연락해 온 것이다. 한 심리 상담사가 두 부부에게 한 말이다.

"부모님이 보고 싶어서 밤에 깨는 것 같아요. 좀 더 일찍 퇴근하셔서 따님과 더 많은 시간을 보내도록 하세요."

부부가 일이 많은 편이었기에 타당한 의견이었다. 그래서 딸과 시간을 더 보내며 노력했지만 변화가 없이 여전히 밤에 일어났다.

상담은 가족의 집에서 진행했다. 쟌느는 활기 넘치고 잘 웃고, 호기심 많고 영리한 아이다. 나를 따스하게 맞아주며, 만나자마자 자

기 방과 장난감들을 보여주고 싶어 한다. 엄마 아빠에게서 내가 올 거라는 걸 미리 들었던 것이다.

나는 쟌느에게 나를 소개한 후, 내 직업은 아이들이 잠을 잘 자도록 돕는 일이며, 부모님과 함께 해결책을 찾을 거라고 설명한다. 아이는 내 말을 곰곰이 듣고 동의한다.

부부는 계획에 따라 임신했고, 딸이라는 소식에 매우 기뻤으며 의학적으로 아무 문제없었다. 출산 예정일보다 3주 빨리 자연 분만을 했고 잘 진행되었다. 출산 이후, 큰 스트레스나 어려움 없이 이사했다. 이사도 같은 동네 안에서 했기 때문에, 아이의 일상에 큰 변화는 없었다.

상담 중에 나는 아이가 엄마와 아빠를 계속 찾는 것에 주목했다. 퍼즐과 색칠 놀이를 하자고 하고, 이야기책을 읽어 달라고 조른다. 혼자 노는 법을 모르는 아이 같다. 우리가 대화를 이어갈 수 있도록 내가 직접 아이에게 설명해야 했다.

부모와 상담하면서, 저녁, 주말, 여행 중에는 그들이 언제나 아이와 놀아준다는 사실을 알았다.

"둘 다 일을 많이 하다 보니, 아이와 보내는 시간의 양이 상대적으로 적어요. 그래서 같이 보내는 시간 동안에는 충분히 놀아주려고 하니다. 심리 상담사도 우리에게 아이와 많이 놀아주라고 했지만, 저희도 아이와 노는 것이 즐거워요."

쟌느는 부모를 많이 찾는다. 자주 말을 끊고 끼어들고, 너무 아이 뜻대로 흘러가기에, 나로서는 정상적인 상담을 이어가기가 쉽지 않다. 부부는 그 사실을 깨닫지 못하는 것처럼 보인다. 오히려 예외적으로 아이가 혼자 놀고 있을 때도, 부모가 먼저 딸을 불러 대화하는 모습도 관찰됐다!

⏰ 전형적인 저녁 일과

6시 30분 : 베이비시터와 목욕한다.

7시 : 베이비시터가 퇴근하고, 부모 중 한 명이 도착한다. 놀이와 독서를 하거나 만화를 본다.

7시 45분 : 가족이 함께 저녁 식사를 한다.

8시 15분 : 거실에서 차분한 놀이 시간을 가진다.

8시 30분 : 쉬를 하고 이를 닦은 후 방에서 이야기를 들려준다.

8시 45분 : 엄마와 아빠가 방을 나가면 아이 혼자 잠든다.

새벽 3, 4시경에 아이가 깬다. 아이는 안아달라고 하고 이야기를 읽어 달라고 한다. 뜻대로 하지 않으면, 크게 폭발한다. 부모와 낮 시간을 보낼 때 너무 과하게 자기 뜻대로 하려다 보니, 밤중에도 자기 뜻대로 하려는 것이 아닐까 싶다.

아이가 밤에 잘 자려면, 낮 동안에 얼마나 많은 준비 과정이 이뤄져야 하는지 부모들은 잘 이해하지 못한다. 아이가 밤에 얼마나 잘 자느냐는 잠들기 직전이 아니라, 낮에 아이가 무엇을 했느냐와 큰 연관이 있다.

✦ 아이와 보내는 시간에 신경을 기울인다. 시간의 양이 아니라 질이 더 중요하다. 쟌느의 경우, 낮에 너무 과한 부모의 개입 과 주의를 받기 때문에 밤에 제대로 자지 못한다.

✦ 만화영화 등 화면 보는 시간을 줄이고 아이가 심심해할 수 있음 을 받아들여야 한다. 심심함을 통해 상상력을 기르는 것이다.

✦ 혼자 노는 법을 가르쳐 준다.

✦ 필요한 경우, 아이와 노는 시간을 확실히 정하고 그 시간을 지 킨다. 예를 들어 벽시계나 알람 시계를 준비해 스티커를 붙여 두고 이렇게 말해준다.

"큰 바늘이 스티커 위에 도착하면, 그때부터 엄마나 아빠가 온 전히 쟌느와 함께하는 시간이야. 엄마와 아빠는 쟌느와 놀 수 있어 너무 기뻐."

✦ 가족 구성원마다 저마다의 자리가 있고 각자가 서로의 자리를 존중해 줘야 한다는 것을 아이에게 설명해 준다. 이는 학교나 삶에서도 마찬가지다. 예를 들어, 이렇게 말해 준다. "아빠는 네 아빠면서, 동시에 한 사람이기도 하고, 네 엄마의 남편이기 도 해. 네가 태어난 것도 엄마와 아빠가 서로 사랑하기 때문이 야. 아빠는 너를 아주 많이 사랑해서 너랑 많은 시간을 보내고 싶어. 하지만 나만의 시간을 보낼 필요도 있고, 또 내 아내와 시간을 보내고 싶은 마음도 있단다."

상담 후 2주가 지났을 때, 쟌느가 통잠을 자기 시작했다는 소식을 메일로 전해 들었다.

부부 사이

 4살 사라와 2살 니나의 사례

쉬잔느와 자비에는 네 살 사라와 두 살 니나가 밤중에 별다른 이유도 없이 번갈아 가며, 부모를 깨우러 오는 문제로 상담하러 왔다.

가족은 파리 외곽 도시의 주택에서 살고 있고 아이들 각자 방이 있다. 큰딸 피아는 여섯 살인데, 혼자서 완벽히 잘 잔다. 부부 둘 다 의사고 보통 저녁 7시 30분이나 9시 30분에 퇴근하기에 그전까지는 베이비시터가 집에서 아이들을 봐준다.

집에 돌아오면 부부는 모든 시간을 세 딸을 위해 쓴다. 저녁 8시쯤 온 가족이 저녁을 먹고, 8시 45분부터는 수면 의식을 시작한다. 딸 셋 모두 혼자서 잠들고 엄마와 아빠가 각자, 각 방에서 20분에서 25분씩 시간을 보내기 때문에 수면 의식이 오래 걸리게 된다.

그나마 일찍 잠드는 첫째 덕분에 시간이 덜 든다. 딸들을 재우고 나서, 부부는 각자 서류 업무를 보거나, 정리한 뒤에 곧바로 잠이 든다.

사라와 니나가 왜 한밤중에 깨는지 이해하기 위해, 나는 부모에게 질문을 많이 한다. 딸 셋 모두 혼자서 잠들기 때문에, 더더욱 상황이 궁금하다. 아이들이 왜 잠에서 깨는지 설명할 만한 특별한 사건이 없다.

부부에게 혹시 딸들이 걱정할 만한 인물이나 무언가가 있는지 묻는다. 딸아이들을 걱정시키거나, 불안하게 만들만한 상황 때문에 아이들이 근심을 하는 것은 아닐까?

잠시 생각해 본 뒤, 엄마는 자신의 상태가 좋은지, 잘 모르겠고, 현재 번아웃 증후군을 겪고 있는 것이 아닌가 싶다고 했다.

"너무 일이 많고, 육아도 해야 하다 보니, 나만의 시간이 부족해요. 부부가 함께할 시간도 없는 데다가 딸아이들과 남편에게 점점 더 신경질적으로 말하게 되는 나를 발견해요. 진절머리 나고 힘이 들어요."

남편은 아내의 말을 경청하고 나서, 부부 둘 다 서로를 잊게 되는 경우가 많다고 말한다. 부부가 함께하는 시간이 부족하지만, 두 사람은 서로를 사랑하며, 관계도 안정적이라고 말한다.

나는 부부가 각자 개인 시간과 또 단둘이서 보낼 수 있는 시간을 가질 수 있도록, 빈 틈이 생기는 시간을 가져본 것을 조언한다. 딸들이 있을 때도 괜찮고, 베이비시터의 도움을 받을 수도 있다. 아이들에게 필요한 것은 부모가 행복하게 잘 지내는 것이라고 상기시켜 준다.

부모가 시간을 낼 수 있도록 다시 일상을 정비하는 것이 필요할 것이다. 딸들과 함께하는 시간이 줄어들게 되겠지만 좀 더 행복하고 너그러운 부모가 될 것이다. 따라서 아이들은 마음의 안정을 얻게 되고, 편안히 잘 수 있게 될 것이다.

나의 조언

✦ 자기 주변을 돌볼 수 있으려면, 자기 자신을 돌볼 줄 알아야 한다.

✦ 가족의 균형을 위해서는 부부 관계도 돌봐야 한다.

✦ 죄책감 없이 외부의 도움을 요청한다.

✦ 부부가 단둘이 외식하거나, 집에서 먹더라도 단둘이, 따로 영화나 다른 화면을 보지 않고 시간을 보내도록 한다. 서로 사랑하는 연인이 만나는 자리니까 아이들 이야기는 피한다.

✦ 조부모나 다른 사람들에게 도움을 청해 아이들을 맡긴 뒤, 부부 둘이 외박해 본다. 집안일이나 아이들, 병원 약속, 등에서 해방되어 보고, 아이들을 깨울까 봐 불안해할 필요 없는 시간을 가져본다.

엄마가 없으면 못 자는 아이

11개월 가스통의 사례

클레멍스는 아들 가스통이 엄마가 있어야 잠이 들고 밤에도 깬다고 내게 연락을 취해왔다. 아빠인 로맹도 아들을 직접 재워보려고 했으나 성공하지 못했다. 아이의 건강 상태는 완벽하다. 그래서 더더욱 부부는 자신들이 뭔가를 잘못했고, 해서는 안 될 무언가를 했을까 봐 죄책감을 느낀다. 내가 도움을 주는 모든 부모는 죄책감을 느낀다.

그래서 나는 부부가 안심할 수 있도록 아이가 순전히 엄마 곁에 자는 습관이 들었기 때문일 거라 말해준다. 자기 혼자 침대에서 잠드는 것보다는 엄마 품에서 잠드는 것이 너무나 기분 좋은 일이니 당연하지 않은가!

가스통의 이야기를 처음부터 짚어본다. 첫 아이고, 계획했고 원했던 아이다. 임신과 출산 모두 잘 진행되었다. 엄마는 4개월까지 모유수유했고, 직장 생활을 시작하기 위해 단유를 했다. 아이는 모유 수유 중에 잠이 들었는데 달리 어떻게 할 방법이 없었다고 한다. 단유하면서부터는 수유 대신에 안고 흔들어 재우는 것으로 대신했고, 그렇게 해야만 아이가 잠이 들었다고 한다.

아이는 11개월이 돼서도 여전히 엄마가 안고 흔들어 줘야 잠이 든다. 아빠 품에서 자는 것은 거부하지만, 여자 베이비시터가 안아 재워주면 문제없이 잠든다.

에 아이가 엄마의 각별한 스킨십을 해야만 하는지 이유를 설명해 줄 만한 특별한 사건이 있던 것은 아니다. 이런 상황을 유발할 만큼 엄마가 딱히 불안증에 시달리는 것 같지도 않다.

엄마가 마치 아들의 애착 인형이 된 것처럼 보이고, 그녀도 내 생각에 동의한다. 따라서 수면 교육 방법을 실천할 때, 아이에게 도움이 될 수 있도록, 빨리 인형을 골라줄 것을 권유했다. 부부는 이미 많은 인형을 사봤지만, 아들이 버려버리거나 쳐다보지도 않는다고 한다. 이런 상황에서는 전혀 놀랍지 않은 일이다. 엄마와 분리돼본 적이 없는 아이가 엄마와 떨어지게 만들 대상에 흥미를 느낄 리가 없다.

아이가 혼자 잠들고, 통잠을 자기 위해서는 무엇보다도 자기 방침대에서 홀로 잠드는 법을 배우는 것이 중요하다. 수면 교육을 익히고 나면, 밤중에 잠깐 깨서도 혼자 다시 잠들 수 있을 것이다. 따라서 부부에게 책에 나온 방법대로 수면 교육을 실천할 것을 권했다. 그래야만 아이도 애착 인형에 관심을 두게 될 것이다.

⏰ 전형적인 저녁 일과

6시 15분 : 목욕한다.

6시 45분 : 이유식을 먹고 거실에서 젖병으로 우유를 먹는다.

7시 30분 : 아이 방에서 짧게 이야기를 들려주고 자장가를 들려준다. 그리고 엄마가 아이를 안아 잠들 수 있도록 도와준다. 침대에 내려놓으려 할 때마다 깨는 바람에 재우는 데 아주 오래 걸리는 날도 있다.

새벽 1시 하고 4시경 : 아이가 계속해서 깨어나고, 엄마 품에 안겨야만 잠이 든다.

✦ 아빠가 엄마와 아들을 분리해 주는 제3자의 역할을 해야 한다.
  엄마와 아이의 애착이 편안해지도록 도와주고 이끌어준다.

✦ 아빠가 이틀에 한 번씩 수면 의식을 한다.

✦ 아이에게 왜 혼자 잠드는 법을 배워야 하는지 설명해 준다.

✦ 수면 교육 방법을 실천한다.

절망을 배우기

 3살 반 폴린의 사례

엄마 발레리와 아빠 니콜라는 외동딸 폴린이 2살 때부터 매일 밤 악몽에 시달리며 깨어나서 내게 연락을 취했다. 주변에서는 다들 그 나이 때 아이들이 다 그러니 당연한 거라고 말해줬지만, 부부가 느끼기엔 악몽의 횟수가 많은 것 같아 내 의견을 듣고 싶어 했다.

3세에서 6세 아동에게 악몽은 매우 흔한 일이라고 그들에게 설명해 준다. 이때 아이들의 삶에서 상상 속 세계가 큰 비중을 차지하고, '진짜인 것'과 '가짜인 것'을 제대로 구분하기 어려워하기 때문이다. 악몽을 꾼다는 것은 아이를 두렵게 만드는 무엇인가가 있고, 아이가 힘든 시기를 보내고 있음을 의미한다.

폴린의 이야기를 처음부터 짚어본다. 임신 과정이 매우 어려웠고, 엄마는 임신 6개월 차 때부터 진통을 겪었기 때문에 입원해야 했다고 한다. 예정일보다 3주 빨리 자연분만으로 태어났고, 건강 상태는 완벽했다. 아이가 순하고 잘 웃었고, 잘 먹고, 완벽히 잘 잤다.

2살이 지나면서부터 주기적으로 악몽에 시달렸다. 딸아이가 왜 자꾸 잠을 설치는지 이유를 찾고자 부모에게 여러 가지 질문을 던져봤다.

부부 사이도 좋고 직장이나 가족에서 딱히 문제가 있는 것 같지 않다. 대신, 폴린이 어린이집을 다녔을 때 좌절을 받아들이는 것을 많이 어려워했다는 말을 들었다고 한다. 학교에 다니기 시작한 후로는 그에 대해서 따로 말을 들어본 적이 없다.

아이와 집에 있을 때는 어떤 식인지 물어봤다. 영리하고, 웃기고, 장난꾸러기인 아이지만, 동시에 기질이 매우 세다는 대답을 들었다. 아이가 원하는 것을 손에 넣지 못할 때 엄마 아빠에게 매우 크게 화를 낸다고 한다. 딸아이의 반응에 지친 부모는 결국 아이가 울음이 그치도록, 원하는 것을 줘버린다. 신기하게도 밤에 잠은 쉽게 든다고 한다.

폴린의 경우, 좌절감을 어떻게 제어해야 하는지를 배우지 못한 탓에 밤이면 악몽의 형태로 불안감이 표출되는 사례라고 생각된다.

분노를 일으키는 절망에도 즐거움의 원천이 된다는 고유한 기능이 있다. 뭔가 부족하다는 느낌 자체가 아이로 하여금 욕망을 표출하게 하고 주어진 가치를 파악하며 원하는 것을 취했을 때의 기쁨도 누릴 수 있다.

많은 부모가 아이의 좌절을 일종의 고통으로 해석하기 때문에, 좌절의 학습은 대부분 잘 이루어지지 않는다. 하지만 좌절은 우리 삶의 일부다. 모든 것에는 한계가 있음을 배우고 받아들이는 것은 필수적이다. 아이는 빨리 접할수록 쉽게 따르고 받아들이는 데 이 부분을 도와주는 것이 부모의 역할이다. 하지만 부부는 무력감에 이를 단념해 왔다.

 나의 조언

✦ 가족회의를 통해 아이와 부모가 지켜야 할 규칙과 지시 사항을 리스트로 만든다. 어른들이 먼저 모범을 보여야 한다.

✦ 실랑이가 벌어지는 순간에 대해선 아예 미리 시간을 정해둔다. 예를 들어, 목욕은 6시 30분, TV는 7시에서 7시 15분, 저녁 식사는 7시 30분, 화장실은 8시 15분으로 정한다.

✦ 아이의 거절을 받아들이고 존중한다. TV를 꺼야 해서, 목욕탕에서 나와야 해서, 아니면 자러 가야 해서 좌절감을 느낄 때 분노를 표출할 수 있다.

✦ 단호하되 너그럽게 대한다.

✦ 어른은 자기가 한 말을 지켜야 한다. 만약 아이 앞에서 약속을 어길 경우, 어른은 아이로부터 받는 신뢰를 잃게 된다. 만약 "

식탁에서 일어나면, 식사는 끝이야"라고 약속했다면, 훈육을 위해 양보해선 안 된다. 아이는 어른이 했던 말을 지키는지 확인하기 위해, 여러 방법으로 규칙을 시험해 볼 것이다. 그리고 나서야 규칙에 따른다.

그로부터 몇 주 후, 발레리로부터 딸아이의 악몽이 확실히 줄었다는 문자를 받았다.

포옹이 필요한 건 어쩌면 엄마/아빠일 수도

7개월 그레그와르의 사례

마리옹와 다미앙은 아들 그레그와르가 수면에 큰 문제를 겪어서 내게 연락해 왔다. 아이는 혼자 잠들지 못하고 저녁에 깊이 잠들지도 못한다. 점차 밤에 자주 깨기도 하고 낮잠도 마찬가지다. 아이가 극도로 예민해진 상태로, 아이의 울음은 가족 모두에게 너무나 고통스러운 일이기 때문에 부부는 걱정이 크다.

미소도 잘 짓고 우리 대화를 주의 깊게 듣는 아기지만, 금방 투정을 부리더니 울기 시작한다. 피곤해 보이는 신호를 보이고, 엄마도 내 관찰에 동의한다. 부부가 아이를 품에 안고 재워보려고 여러 번 시도하다가 결국 같이 있던 베이비시터가 아이를 유모차에 태워 산책하러 나간다.

그레그와르의 이야기를 처음부터 짚어본다. 엄마에게는 첫아이이고, 아빠에게는 둘째다. 아빠의 첫아이는 네 살이고, 전 부인과 교대 양육을 하고 있다. 임신은 예상했던 것보다 빨리 찾아왔다. 마리옹의 친정에 많은 불화가 있어 임신 기간이 감정적으로 힘들었다고 한다. 가정 문제가 임신과 직접적인 관계가 있었던 것은 아니고, 이미 흔히 있던 일이라고 한다.

출산은 무사히 잘 이뤄졌고, 부부 둘 다 좋은 기억을 간직하고 있다. 엄마는 아이에게 아침, 저녁, 밤에 모유 수유를 하고 이를 이어 가고 싶어 한다. 지금까지는 아기와 같이 잔다.

하지만 아이가 4개월 때 직장으로 복귀한 엄마는 예전처럼 업무를 효율적으로 처리하지 못하고, 제대로 시간 내기가 어려워 너무 지쳤다. 부부 모두 아이가 자기 방에서 혼자 자고, 통잠을 자기를 희망한다.

상담을 마치고 보니, 부부는 아이가 편하게 잘 수 있도록 수면 교육 방법을 실천할 조건을 다 갖추고 있었다. 며칠 만에 아이는 혼자 자는 법을 배웠고 조금 더 지나서는 9시부터 6시까지 통잠을 자기 시작했다. 부모 둘 다 기쁘고, 쉬 더 기운을 차릴 수 있었다.

그로부터 5개월 후, 마리옹이 다시 연락을 취해왔다. 왜냐하면 아들이 다시 한번 잠드는 데 어려움을 겪기 시작했기 때문이다. 수면 교육 방법을 실천했는데도 왜 아이가 잠들려 하지 않거나 잠에 들면서도 우는지 원인을 파악하기 위해 전화 상담을 제안했다.

전화로 상담하고 보니 엄마 혼자였는데, 그녀는 그사이 직장을 그만두었다고 한다. 일이 더 이상 그녀와 맞지 않았고, 업무로 인한 스트레스가 너무 컸다고 한다. 현재는 창업 프로젝트를 위해 집에서 일하고 있다고 한다. 또한 부부 사이에도 큰 긴장 전선이 드리웠다고 한다. 이미 이전 상담에서 어느 정도 감지했던 문제였기 때문에 크게 놀라지는 않았다.

우선은 아이에게, 어떤 긴장감이나 분노, 슬픔을 느끼더라도 안심하라고, 아이 탓이 아니라는 것을 설명해 줄 것을 엄마에게 당부한다. 그건 어른들의 문제고, 부모 둘 다 아이를 매우 많이 사랑하기 때문이다.

이어서 엄마에게 많은 질문을 던져 아이가 우는 다른 원인을 찾아내고자 한다. 그녀는 결국 아들이 자기 방에서 자고 있을 때, 아이가 너무 그립다는 사실을 털어놓았다. 이는 아주 중요한 정보다.

그레그와르가 엄마의 무의식을 감지하고, 엄마가 느끼는 부족함을 채워주기 위해 잠에 들지 않고 버티는 것일 수 있다. 엄마는 아들에게 완전히 상반된 두 메시지를 전달하고 있었던 것이다. 말로는 "네가 쉬어야 할 것 같다. 침대에 가서 차분한 시간을 보내도록 해볼까? 네가 필요하면 올게"라고 할지 몰라도, 무의식 중에 비언어적 메시지로는 "아이가 침대에서 잠들면 아이가 너무 그리워. 아이를 꼭 안아줄 때가 너무 좋아"라고 표현하고 있었을지 모른다.

✦ 수면은 엄마와 아이 사이의 분리를 의미한다는 걸 받아들여
  야 한다.

✦ 어른들이 겪고 있는 불편한 감정이나 집안 내 갈등 등에 아이
  가 책임감을 느끼지 않고 편안함을 느끼도록 아이를 안심시켜
  줘야 한다.

✦ 부부가 함께하거나 개별적으로 심리 상담을 받는다.

✦ 아이에게 부모를 걱정할 것 없이 쉬어도 된다는 것을 알려준다.

상징적 아빠의 부재

 2살 조안나의 사례

딸 조안나가 단 하룻밤도 제대로 잠을 못 자, 마틸드와 시몽이 내
게 도움을 청해왔다. 아이는 얼마 전부터 잠들 때 엄마가 침대에 같
이 누워있기를 요구하기 시작했고, 자다가도 울며 깨어나 엄마 옆에
서 자기를 원한다. 계속해서 잠을 이루지 못하는 딸아이에 지친 부모
는 결국 부모의 방에서 다 같이 잠들게 된다. 부부는 어찌해야 할지
모르겠고 무기력해져 간다고 한다.

조안나의 이야기를 처음부터 다시 짚어본다. 임신, 출산, 임신 전

에 있었던 일 등. 수면 문제 외에는 별다른 문제가 없어 보인다.

아이의 태도를 관찰해 본다. 상담이 진행되는 2시간 동안 단 한 번도 엄마의 무릎 위를 떠나지 않았다. 같은 소파에 아빠도 앉아있지만, 마치 모녀에게 아빠는 투명 인간 같다. 궁금하다. 시몽이 아빠로서의 입지를 찾았을까? 적어도 찾아보려고 노력은 해본 걸까?

엄마가 아이가 19개월이 될 때까지 모유 수유를 했다는 것과 단유할 때까지 수유하며 잠이 들었다는 것을 알게 되었다. 단유 할 때 딸이 유독 엄마를 찾았다고 한다. 엄마와 딸의 사이가 매우 끈끈하다. 제3자가 들어설 자리가 보이지 않는다.

이런 상황에서 어떻게 둘째의 출산을 준비할 수 있겠는가? 아이는 엄마의 '껌딱지'다.

엄마가 임신했다는 사실을 알고도 아이의 태도는 크게 변하지 않았다.

이런 상황에서는 아빠가 자신의 자리를 찾기가 쉽지 않다. 시몽은 없어진 것처럼 보인다.

한편으론 자신을 도와주지 않는 남편 앞에서 아내가 짜증을 느끼고 쉽게 화를 내며 변한다는 것도 파악된다. 마틸드 본인도 엄마에게 들러붙는 딸 때문에 숨이 막히고 자유롭지 못하다고 느낀다.

⏰ 전형적인 저녁 일과

6시 : 엄마와 어린이집에서 하원한다.

6시 15분 : 아빠가 퇴근해 들어와 식사 준비를 한다.

6시 30분 : 엄마가 아이를 목욕시켜 준다.

7시 15분 : 온 가족이 저녁을 먹는다.

7시 45분 : 기저귀를 갈고 이를 닦는다.

8시 : 엄마가 아이 방에서 이야기를 들려준다.

8시 15분 : 아이가 침대에 눕고, 엄마가 그 옆에 눕는다.

9시 30분/10시 : 한참 기다리고 나서야 아이가 잠들고 엄마가 방에서 나온다.

아이가 밤에 깨면, 엄마가 다시 아이 방에 돌아와 곁에서 잔다.

 ### 나의 조언

✦ 동생이 생길 때 아이를 안심시켜 준다.

✦ 아빠가 단호하고 차분하게 자신의 입지를 다져야 한다.

✦ 아빠가 그렇게 할 수 있도록 엄마가 도와준다. 예를 들어 "오늘 저녁은 아빠가 이야기를 들려줄 거야"라는 식으로 말한다. 만약 아이가 거부하고 엄마를 찾으며 소리를 지른다면, 엄마는 이렇게 말할 수 있다.

"네가 났거나, 네가 화날 수 있는 거 충분히 이해해. 하지만 오늘 저녁은 아빠가 이야기를 읽어주는 날이야. 아빠 아니면 오늘은 아무도 이야기를 읽어주지 않을 거야."

물론 거실에서 엄마와 아이가 잠시 차분한 시간을 가질 수는 있지만, 수면 의식에서는 엄마가 관여하지 않도록 해야 한다.

✦ 때로는 '차례' 표를 만드는 것이 부모와 아이를 도와줄 수도 있

다. 월, 수, 금, 일요일에는 아빠가 목욕을, 엄마가 이야기를 담당하고, 화, 목, 토에는 엄마가 목욕을, 아빠가 이야기를 읽어주는 식이다.

✦ 아이가 마음에 들어 하지 않을 수 있음을 인정하고 받아들여야 한다. 좌절감도 삶의 일부다. 2세 아동은 자신에게 좋은 것이 무엇인지 모른다.

✦ 아이에게 분명하게 설명해 준다. 예를 들어 이렇게 말해준다. "밤중에도 혼자 다시 잠들려면 저녁에 혼자 자는 법을 배우는 것이 아주 중요해. 우릴 믿어, 우리가 도와줄게. 필요한 모든 자질을 네가 다 갖추고 있단다."

✦ 어른이 곁에 없어도 잠들 수 있도록 아이를 도와주는 방법을 실천해 본다. 방법이 효과를 볼 때까지 며칠 기다림이 필요하다.

모유 수유는 종종 아이와 엄마 사이에 매우 강렬하고 육체적인 관계를 만들기도 한다. 어쩌면 모성적 불안감이나 아이의 불안감 때문에도 그럴 수 있다. 만약 후자인 경우, 단순히 수면 교육법을 시행하는 것만으로는 충분치 않고 심리 상담가, 정신의학자, 심리 치료사 등의 도움을 받을 것을 강하게 권한다.

아이가 부모에게 위로가 될 때

 15개월 실로에의 사례

델핀과 아드리앙이 딸 실로에가 오래전부터 혼자 잠들지 못하고 밤중에 깨서도 곁에 있어 달라 보챈다며 연락해 왔다. 엄마와 아이가 단둘이 집에 있을 땐 엄마가 곁에 없으면 아이가 잠에 들지 못한다. 아빠와 둘이 집에 있거나 베이비시터와 조부모의 집에서도 혼자 잠 드는데 아무도 이 상황을 이해 못 한다.

실로에에겐 다섯 살인 오빠 귀스타브와 여섯 살인 언니 필로멘이 있는데, 둘 다 잠이 문제가 됐던 적이 없다. 엄마는 아이가 밤중에 반복적으로 일어나 많이 지쳤고 잠이 부족하다 보니 부부 사이의 긴장감도 느낀다고 한다. 낮에도 평온한 상태일 수 없다.

실로에의 이야기를 처음부터 다시 되짚어 본다. 오랫동안 기다렸던 막내딸로 임신하기까지 오래 걸렸지만, 그전에 조산한 적은 없다. 임신 기간은 잘 보냈으나, 분만이 너무 길었다.

분만 과정 중에 아기가 심장 박동이 느려져 제왕절개를 가까스로 피했다. 분만 과정에 대한 부부의 기억도 매우 충돌이 많다.

엄마가 직장에 복귀했을 때, 임신 훨씬 전부터 겪었던 문제를 다시 겪었다. 직장 동료들과의 신경전도 있었고, 또 다른 걱정거리도 있었다. 아빠는 해외출장을 자주 가서 엄마가 아이들을 책임져야만 했고, 그래서 한계에 달했다.

그녀는 자신의 상황을 알았고, 3개월 전부터 심리 치료로 도움을 받기 시작했다. 이는 나로서도 매우 좋은 선택이라 생각한다. 왜냐하면 아이들에게 필요한 것은 행복한 엄마이기 때문이다.

더불어 아이들에게 엄마가 직장에서 겪은 어려움에 관해서 설명해 주면서 엄마가 불행한 이유가 아이들 때문이 아니란 것을 잘 이해시켜 줄 것도 제안했다.

그리고, 부부에게 이 상담을 통해 기대하는 것이 무엇인지 묻자 그녀는 이렇게 대답한다.

"실로에가 저녁에 혼자 잠들었으면 좋겠어요. 밤에 깰 때 가서 안아주는 것은 내게 문제가 안 돼요. 아이가 필요하다면."

대답에서 "내게 문제가 안 돼요"라는 말이 나오자 나는 그 말이 갖는 정확한 의미가 무엇인지 파악하려고 좀 더 구체적으로 질문을 해본다.

"내겐 문제가 안 돼요가 무슨 뜻이죠, 정확히?"

그녀는 잠시 침묵을 지키다가 대답한다.

"생각해 보니, 저는 밤에 서로 안아주는 것을 좋아하는 것 같아요. 차분한 순간이고, 아무의 방해도 받지 않고 우리 둘만 있는 순간이죠. 아이를 안아주면 저도 기분이 좋아요."

내가 던진 질문 덕분에, 그녀는 질문을 받기 전까지는 몰랐던 자신의 필요를 분명히 파악할 수 있었다. 마음속에서 딸이 독립적으로 혼자 잠들고 통잠을 자기를 원하는 마음도 있지만, 동시에 밤중에 깬 아가를 안아주는 순간을 좋아하는 마음도 공존한다.

엄마가 겪고 있는 상황에서 밤중에 아이를 안아 주는 것은 자신의 공허함과 허탈감을 위로해 줄 수 있기 때문이다. 잠들 때, 아이는 엄마의 "밤새 푹 자도 돼, 너는 엄마가 필요하지 않아"라는 말을 분명히 알아듣는다. 하지만, 엄마의 무의식은 "밤중에 너를 안아주는 것이 좋아, 내겐 그게 필요해"라고 말하고, 그 무의식에 아이는 연결되어 있다.

엄마는 아이가 깊이 잠들도록 도와주었고 왜 자신이 없을 땐 아이가 혼자 잘 자는지 이해하게 되었다. 이 부분에 대해서도 심리 치료사와 대화를 나눠볼 것을 제안했다.

 나의 조언

✦ 스스로 진정 원하는 것이 무엇인지 질문해 본다. 예를 들어 "내 마음속 일부는 밤중에 아이를 안아 주는 것을 원하고 있지 않나?", "내 마음속 일부는 어쩌면 아이를 재워주는 시간을 좋아하고 있지 않나?" 하는 식이다.

✦ 아이에게 애착 인형이 될 만한 인형을 도입한다.

✦ 아이에게 상황을 설명한다.
"나는 네 애착 인형이 될 수 없듯이, 너도 나의 애착 인형이 될 수 없단다. 너를 잘 돌봐주기 위해, 엄마도 행복하고 발전적인 모습을 보이고 싶어. 충분히 그렇지 못해서 미안해. 이 어려운 순간도 금방 지나갈 거야. 네 잘못이 아니니까 안심하렴. 엄마가 잘 지낼 수 있도록 도움도 받고 있단다. 그러니 너는 안심하고 자도 돼."

✦ 아빠가 있을 땐, 아빠도 밤에 참여하도록 한다.

한 사람만 편애하는 아이

 22개월 에탄의 사례

이네스와 뤼도빅은 첫아이이자 18개월이 된 아들 에탄이 왜 매일 밤 제대로 잠을 못 자는 것인지 원인을 파악하고자 내게 연락을 취했다. 소아과에서는 의학적 문제가 없다는 진단을 들었다.

임신은 피임을 멈추자 바로 되었고 부모가 된다는 걸 실감하기까지 일주일 정도 시간이 걸렸다고 한다. 첫 3개월 동안은 입덧으로 힘들었지만, 나머지 임신 기간 중에는 별다른 문제가 없었다. 출산 예정일을 5일이나 넘겨도 아이가 나오지 않아, 분만을 촉진할 수밖에 없었다. 출산 자체에 대해선 부모 둘 다 좋은 기억이 있다.

아이는 2개월부터 저녁 9시부터 아침 6시까지 통잠을 잤다. 낮잠도 자기 방 침대에서 완벽히 잘 잤다. 한 번도 공갈 젖꼭지를 찾지 않았고, 4개월 반부터 어린이집을 다니면서 특별히 아끼는 애착 인형도 있다.

⏰ 전형적인 저녁 일과

5시 30분 : 부부가 어린이집에 아이를 찾으러 간다.

5시 50분 : 집에 돌아와 다 같이 놀이를 하고, 이야기를 들려준다.

6시 30분 : 엄마가 아이 목욕을 담당한다.

7시 : 아이가 엄마의 도움을 원해서 엄마가 저녁 식사를 먹여준다.

7시 30분 : 엄마가 수면 의식을 시작하기 위해 2층으로 올라간다.

7시 50분 : 아이가 깨어 있을 때 침대에 눕히고, 아이 혼자 잠든다.

일상에 대해 들으면서 나는 아이가 언제나 엄마와 함께한다는 사실에 주목했다. 어린이집에서 돌아와 온 가족이 다 함께 노는 시간을 제외하고는 모든 시간을 엄마와 함께한다.

몇 달 전부터는 엄마를 많이 찾고 아빠가 아이를 돌보려고 하면 아빠를 밀어낸다고 한다. 아빠는 아들이 자신을 사랑하지 않는 것 같아 마음 아프면서도 어떤 행동을 보였기에 아들이 자신을 거부하는 것인지 알고 싶어 한다.

한편 엄마는 아이에게 완전히 묶여 있는 듯하고 남편도 아빠 역할을 할 수 있도록 자리를 내어주고 싶다. 주말에도 마찬가지로 가족이 다 함께 외출하거나 활동하는 게 아니라면 엄마가 아들을 보고, 아빠가 집안일, 장 보기, 식사 준비 등을 책임진다.

보통 아이가 이런 태도를 보일 경우 부모의 우울증이 원인이 될 수도 있지만, 둘 다 학교 선생님으로, 일 때문에 딱히 스트레스를 받거나 신경을 쓰지 않는다. 엄마는 밝은 성격으로 부부 사이도 좋고 걱정이 없는 시기라 했다.

내 가정 중 하나는 에탄이 자신이 왕이 된 상황을 테스트하고 있는 것이 아닐까 하는 점이다. 아이는 어쩌면 세상이 자기 배꼽을 중심으로 돌고 있다는 착각에 빠져있을 수도 있다. 조금만 좌절해도 화를 내는 것도 그런 이유일 수 있다.

이런 상황은 5세 때까지도 지속될 수 있다. 바로 이때 아이는 현실의 법칙을 배우고, 모든 것이 자기 뜻대로 되는 것은 아니란 걸 알게 된다.

부모는 아이가 원한다고 모든 것을 다 해줘서는 안 된다. 아이가 안전하게 잘 성장하려면 완고하고 든든하며, 너그러운 부모가 필요하다. 앞서 본 폴린과 마찬가지로, 에탄도 자신의 한계를 시험해 보고, 부모에게 단호하면서도 안심되는 '안 돼'를 들을 수 있는지 확인해 보는 것이다. 사랑만으로는 충분치 않다.

앞에서 설명했듯이, 아이가 바르게 자라려면 규칙과 한계, 루틴이 필수다. 영유아기의 사소한 욕망을 모조리 충족시킬 수 없다는 걸 배우면서, 아이는 좌절이 삶의 자연스러운 일부라는 것을 배우게 된다. 좌절을 배우게 되면 모든 난처한 상황도 좀 더 잘 견딜 수 있게 된다.

 나의 조언

✦ 아이가 엄마는 물론 아빠하고도 두루두루 시간을 보낼 수 있도록 한다.
✦ 아이의 분노와 슬픔을 존중하고 받아들인다.

- 훈육하는 어른의 처지에서 아이의 마음에 무조건 들지 않을 수 있음을 받아들이고 책임진다. 아이는 순간적으로 고통스러워하겠지만, 아이의 성장에 도움이 된다.
- 수면 의식을 만든다. 예를 들어, 하룻밤은 아빠가, 하룻밤은 엄마가, 하룻밤은 엄마 아빠 둘 다 함께한다.
- 아이가 심심해할 시간을 계획적으로 만들어 본다. 아이가 어른들과 놀지 않고, 또 TV 같은 화면을 보지 않을 때만 자신의 장난감에 관심을 두게 된다.

동생이 생길 때

 2살 반 엘비노의 사례

로베르토와 줄리아가 여동생이 태어난 3개월 전부터 밤에 자주 깨는 첫째 엘비노 때문에 내게 연락해 왔다. 그전까지는 완벽히 잘 잤지만 이제는 낮에도 짜증이 늘고, 인내심이 떨어졌다고 한다. 아이는 혼자 잠들지만, 수면 의식 시간을 늘리려고 여러 표현을 한다.

"쉬 한 번 더 할래", "한 번 더 안아줘", "목말라", "할 말이 있어", "가려워", "무릎이 아파."

이런 시기를 겪지 않아 본 부모가 어디 있겠는가?

잠들 시간에 엄마는 여동생에게 모유 수유를 하고 아들은 아빠가 여러 번 오고 가고 나서야 어렵사리 혼자 잠든다. 아빠는 아이가 여동생이 생긴 이후 불안해하는 것을 느껴서 완고하게 맺고 끊기가 어렵다.

자정과 새벽 3시쯤에 엘비노가 깨어나서 부모님 방으로 가고 아이를 다시 방에 데려가는 것은 언제나 아빠의 몫이다. 아들이 깨어 있는 시간은 짧지만, 이미 여동생을 수유해 주느라 밤마다 깨야 하는 부부에게는 충분히 버거운 일이다.

한 가정에 아이가 태어난다는 것은 매우 행복한 일이지만, 동시에 어떤 아이들에게는 큰 걱정거리이자, 분노와 슬픔의 원인이 되기도 한다. 한편으로는 동생을 사랑하면서도, 자기 자리가 위협받는다고 느끼고, 예전만큼 충분히 사랑받지 못할까 봐 걱정한다. 이런 여러 감정에 시달리면서 신뢰가 크게 흔들릴 수 있는 시기다.

이 사례에서 엘비노는 여동생의 탄생에 크게 동요한 듯 보인다. 예를 들어 다음과 같이 말하면서 아이를 안심시켜 줘 볼 수 있다.

"엘비노, 너는 우리의 첫아이이자, 첫아들이야. 그 다른 누구도 너를 대신할 수 없단다. 네 자리는 특별해. 우리 집에 아이가 생긴 것이 분명 너에게는 쉬운 일이 아닐 거야. 하지만 가족이 커질수록, 너를 사랑하는 우리의 마음도 더 커진단다. 그러니 안심하렴. 너와 함께하는 시간이 줄어들었다고 해서, 너를 사랑하는 우리의 마음조차 줄어든 것은 아니란다. 네가 클수록, 우리는 더욱 너를 사랑한단다."

나의 조언

✦ 아이의 감정과 느낌을 말로 설명해 준다.

✦ 아이가 아기에게 보이는 나쁜 반응이나 태도를 나쁘지 않게 받아들이고, 아이가 느낀 감정을 말로 설명해 준다.

✦ 가족 내에서 아이의 자리가 없어지지 않을 것이고, 부모의 사랑에는 조건이 없다고 아이를 안심시켜 준다.

✦ 아이가 모방을 할 수 있도록 아기 인형을 사준다.

✦ 가능할 때마다, 엄마와 함께하는 시간을 갖도록 한다.
"동생은 너무 어리니까 아빠랑 같이 있고, 다 큰 우리끼리 가서 산책하고 오자."

✦ 아이가 갑자기 아기처럼 구는 짧은 퇴보 시기를 너그럽게 받아들여준다.

✦ 필요하다면 한밤중에 깰 때 쓰는 방법을 적용한다.

2

의식이 의존으로

아이에게 의식은 중요하다. 잠들 때 도움이 되는 의식을 정해두면, 일종의 보험을 하나 더 들어 두는 것과 같다. 하지만, 공갈 젖꼭지, 수유, 젖병, 엄마나 아빠가 곁에 있어 주는 것, 음악을 들려주는 것, 부모님 침대에서 자는 것 등의 조건이 붙어야만 아이가 잠이 들거나, 밤에 깼을 때 진정할 수 있다면, 그 순간부터 의식은 의존이 되어버리고, 오히려 수면을 방해하는 요소가 된다. 3개월에서 3세 전아동의 수면 장애의 80퍼센트가 이런 경우에서 발생한다.

신생아라면 엄마 품에서 자거나, 수유 중에 잠드는 것은 완전히 정상적인 일이지만, 아이가 크면 그런 행위는 곧 부적절하고, 퇴행적으로 보이게 된다.

이런 함정에 빠지지 않으려면 생후 3개월부터는 아이가 혼자 잠들도록 시도해 볼 수 있다.

공갈 젖꼭지

아이에게 공갈 젖꼭지를 줘야 할까? 아닐까? 줘야 한다면 언제부터? 언제, 어디에서 줘야 할까? 또 무슨 목적으로? 장점이 많은 만큼 불편함도 많은 공갈 젖꼭지는 쉽지 않은 주제다.

✦✦ 공갈 젖꼭지의 장점

✦ 생후 약 3~4개월 동안은 빨기 욕구가 큰 신생아들에게 공갈 젖꼭지는 필수다.

✦ 공갈 젖꼭지에는 통증을 가라앉히는 효과도 있다. 신생아가 자주 겪는 배앓이나 역류 등의 통증을 완화해 준다.

✦ 아이를 진정시켜 준다.

✦ 뭔가를 빠는 행위는 생리학적 욕구도 충족시켜 준다. 뭔가를 빨면 즐거움의 호르몬인 엔도르핀이 분비된다.

✦ 분리되는 순간에 공갈 젖꼭지가 있으면 안심시켜 주고 안정시켜 주는 효과가 있다. 어떤 아이들에겐 공갈 젖꼭지가 애착 인형 역할을 하는 셈이다.

✦✦ 공갈 젖꼭지의 불편함

✦ 낮잠이든 밤잠이든, 젖꼭지를 물고 자다가 젖꼭지가 빠져버리면 아이가 깨서 찾을 수 있기 때문에, 오히려 수면을 방해할 수 있다.

✦ 언어 발달 시기를 늦춘다. 입에 뭔가를 문 상태로 제대로 표현

하기란 어렵다.

✦ 아이가 우는 것을 방지하려고 공갈 젖꼭지를 물리기도 하는
데, 사실 대부분의 경우 어른의 위안이 되는 말이나, 스킨십만
으로 충분히 아이를 진정시켜 줄 수 있다.

✦ 부모들이 공갈 젖꼭지에 의존하게 되면 자신들은 젖꼭지 없이
아이의 감정을 돌볼 수 없다고 믿게 된다.

✦ 공갈 젖꼭지는 아이를 아기의 위치에 한정시킨다. 아기가 이
미 아이가 되었는데, 부모는 그 과정을 파악하지 못하고 놓칠
수도 있다.

공갈 젖꼭지에 무조건 반대하거나 쓰지 않으려고 하는 부모도 있
지만 아기가 잠드는 데 도움이 되도록 새끼손가락을 물리는 부모
도 많다.

어떤 부모들은 공갈 젖꼭지가 없을 때 아이의 감정적인 반응을 보
는 것 자체가 두려워서 끊기를 꺼려하기도 한다. 만약 그런 경우라
면, 아이의 반응 자체가 두려운 것인지, 아니면 부모 스스로의 감정
상태가 두려운 것인지 한 번 생각해 봐야 한다.

하지만, 공갈 젖꼭지는 3개월 이후부터 별다른 기능성이 없다. 습
관으로 자리 잡아버리기 전에, 3개월경에 천천히 공갈 젖꼭지를 끊
는 것도 좋은 방법이다.

공갈 젖꼭지와 헤어지는 데 도움을 주려면, 애착 인형을 만드는

것이 좋다. 아이가 여전히 빨기 욕구가 남아있다면, 밤중에도 어렵지 않게 인형을 붙잡고 물고 빨 수도 있다. 반면에 공갈 젖꼭지는 아이가 12개월~14개월이 되기 전까지는 스스로 찾아 물기가 어렵다.

공갈 젖꼭지와 헤어지면 아이는 좌절감을 느끼게 될 것이고, 부모는 설명과 따스한 대화로 아이를 이끌어줘야 한다. 이러한 대화를 통해 언어 교육도 이뤄질 수 있다.

낮잠과 밤잠 중에 공갈 젖꼭지가 아이의 수면에 방해가 되는 상황 몇 가지를 소개한다.

3개월 반 쥐스틴의 사례

아망딘은 딸 쥐스틴이 낮잠을 15분에서 20분 내외로 짧게 자고, 매일 밤 10~20회씩 깨서 내게 연락을 해왔다. 아이가 깨어있는 시간 자체는 짧고, 공갈 젖꼭지를 다시 물려주기만 하면 잠든다. 배우자는 야간 근무를 하므로, 밤중에는 엄마가 아이를 홀로 보느라 굉장히 많이 지친 상태라고 한다. 한 달 후에는 직장에 복귀해야 해서 그녀는 걱정이 되기 시작했다. 공갈 젖꼭지를 끊어버리려고 했지만, 아이는 끝없이 울었고, 엄마는 죄책감이 든다.

쥐스틴의 이야기를 처음부터 되짚어 본다. 임신 기간 내내 입덧으로 고생을 했고 출산도 굉장히 길었다. 산통을 28시간 겪고 나서 아기의 심장 박동이 느려졌기 때문에 급히 제왕절개를 해야 했고 다행히 아이는 금방 회복했다.

문제점을 파악하기 위해 많은 질문을 던졌지만 공갈 젖꼭지가 문제의 원인으로 보인다. 하지만 뭔가를 놓치고 싶지 않아 질문을 계속했다.

출산한 병원에서 아기가 빨기 욕구가 큰 것 같으니 공갈 젖꼭지를 줘 보라고 강력히 추천했다고 한다. 부부에겐 첫아기였고, 공갈 젖꼭지에 대해 특별한 생각이 없었기 때문에 아이에게 주었다고 한다. 처음엔 아이가 별로 좋아하지 않았지만 계속 물려봤다고 한다.

2개월까지는 문제없이 잘 잤지만 어느 날 갑자기 짧게 자면서 자주 깨기 시작했고 병원을 가봐도 건강 상태는 이상 없다는 말을 들었다.

아이의 문제를 설명할 만한 유일한 원인은 공갈 젖꼭지에 대한 의존성이다. 공갈 젖꼭지 없이는 잠들지 못하고, 깨어났을 때도 공갈 젖꼭지를 그대로 문 상태를 요구하는 것이다.

상황을 봤을 때 해결책은 두 가지다. 쥐스틴이 혼자 공갈 젖꼭지를 찾아 무는 법을 배우는 것. 하지만 아기가 밤중에 공갈 젖꼭지를 혼자 찾아 무는 나이는 12개월 14개월 정도부터이니 좀 기다려야 할 것이다. 아니면 애착 인형을 만들어서 공갈 젖꼭지 없이 자는 법을 배우는 것이다. 아이가 손으로 잡고 간혹 물어뜯기도 쉽게 작고 납작한 형태의 인형이 좋다. 이건 3~4개월 무렵부터 할 수 있다.

두 번째 해결책이 첫 번째보다 훨씬 신속하다는 것은 말할 것도 없다. 5일~7일 정도면 해결될 일이다. 공갈 젖꼭지를 끊을 때는 설명을 해줘야 한다. 이를테면, "공갈 젖꼭지 때문에 우리 아가가 자주 깨는 것 같아. 그래서 젖꼭지 대신에 이 작은 인형을 줄게. 인형은 혼자서도 잡을 수 있고, 필요하다면 빨 수도 있어. 잘 때 너와 같이 있어 줄 친구가 될 거란다. 엄마 아빠는 너에게 좋은 것만 주려고 한단다. 안심하렴. 우리 아가는 그럴 능력이 충분히 있단다."

 나의 조언

✦ 애착 인형을 만들어 주고 며칠 동안은 아이 곁에 있도록 둔다. 어른이 인형에게 종종 말을 걸어준다.

✦ 공갈 젖꼭지를 주지 않고 아이를 재운다. 낮잠, 밤잠 모두 공갈 젖꼭지 없이 잠들도록 한다. 이를 위해서는 책에 설명된 방법을 따라 한다.

✦ 잠들 때 더 이상 공갈 젖꼭지를 필요하지 않게 되면, 낮이고 밤이고 완전히 끊게 한다. 아이와 함께 애착 인형을 잘 데리고 다녔다면, 아이는 금방 애착 인형에 정이 들 것이다.

✦ 어린이집이나 보모 집에서 공갈 젖꼭지를 필요로 하는 아이들도 있지만 문제없다. 아이를 돌봐주는 분들께도 공갈 젖꼭지를 끊도록 강요할 필요 없다. 스트레스를 유발할 수 있으니, 그들의 자발적 의사에 맡기도록 하자. 아이도 상황 파악을 할 줄 안다. 어린이집이나 보모 집에서는 공갈 젖꼭지를 써도 되고, 집에서는 안 된다.

15개월 티보의 사례

아들 티보가 밤에 잠들 때마다 공갈 젖꼭지를 집어던진다고 엄마 인 플로렁스가 연락해 왔다. 혼자 잠들 줄 모르는 티보는 자다가 공 갈 젖꼭지가 입에서 빠지면 깨고 던져버린 공갈 젖꼭지를 엄마가 다 시 주워주기 전까지 계속 소리를 지른다. 이런 기싸움이 45분에서 1 시간까지 걸리기도 한다.

플로렁스는 정자 기증을 받은 41세의 싱글맘이다. 임신 출산 모두 무사히 지나갔지만 티보가 3개월 무렵 역류를 심하게 했고 치료받고 나서는 괜찮아졌다. 지금은 어린이집을 다니고 있다.

전형적인 저녁 일과

6시 45분 : 베이비시터가 아이를 어린이집에서 데려온다.

7시 30분 : 엄마가 퇴근해 집에 온다. 베이비시터가 목욕시키고 식사를 준 뒤다.

8시 : 아이가 사방으로 뛰어다니고, 기어오르고, 소리 지르고, 뛰 어오르고, 춤을 춘다. 엄마는 아이의 피곤한 신호라 생각을 못 하 고, 매우 힘이 넘친다고 생각한다.

8시 30분 : 아이가 침대에 있을 때, 이야기를 들려준다. 차분한 시 간을 갖기가 쉽지 않다.

8시 40분 : 엄마가 방을 나가는 순간에 아이는 침대 너머로 공갈 젖꼭지와 애착 인형을 집어던져 버리고, 주워주기 전까지 소리를 지른다.

✦ 아이가 부산스럽게 구는 것이 피곤하다는 신호이기 때문에 잠드는 시간을 앞당긴다.

✦ 아이가 흥분할수록 잠들기가 늦어진다. 적어도 잠들기 전 1시간 동안은 아이를 흥분시킬 모든 활동을 피한다. 예를 들면 간지럼, 몸싸움, 달리기 시합, 술래잡기, 소리 나는 책, TV 등이 있다.

✦ 침대 안에 공갈 젖꼭지를 여러 개 넣어준다. 젖꼭지에 고리가 달려있다면, 리본이나 천 등으로 매달아 매트리스 아래로 떨어지지 않도록 해서, 아이가 더 쉽게 찾을 수 있게 해 준다.

✦ 이야기책은 침대 밖, 아이 방 안에서 읽어준다.

✦ 아이가 공갈 젖꼭지를 던져버리고 어른이 주워주기를 기다리며 운다면, 10초 이상 아이를 보러 가지 않는다. 젖꼭지를 주워주는 것은 단 한 번만 해주고, 빨리 방을 나온다. 아이가 다시 젖꼭지를 던질 경우, 어른이 다시 돌아올 때까지 아이는 기다려야 한다. 책에 소개된 방법을 참고한다.

✦ 밤중에 젖꼭지를 잃어버려 아이가 깰 때 바로 주워주지 말고 아이가 혼자 젖꼭지를 찾을 수 있도록 몇 분 기다려준다. 너무 빨리 어른이 개입할 경우, 아이가 스스로 노력할 기회를 빼앗을 수 있다.

✦ 밤에도 아이를 들여다보는 시간은 짧게 한다. 아이 스스로 젖꼭지를 찾도록 응원한다. 예를 들어 이런 식이다. "티보야, 지

금은 모두가 쉬는 시간이란다. 젖꼭지는 저기 있으니까 잡아봐. 엄마가 많이 사랑해! 티보가 필요하면 엄마 또 올게."

2살 반 아델라이드의 사례

로라와 세바스티앙이 딸 아델라이드가 밤에 공갈 젖꼭지를 못 찾으면 깬다고 연락해 왔다. 아이는 가족의 넷째이자 막내이고 세 살 위 오빠인 빅토르와 한방을 쓴다.

아이 때문에 온 가족이 잠을 못 자는데 젖꼭지를 어떻게 끊어야 할지 몰라 도움이 필요한 상황이다.

부부의 이야기를 처음부터 들어본다. 아이를 더 낳을 계획이 없었기에, 임신은 뜻밖의 소식이었지만 금방 새로운 가족의 탄생에 모두 기뻐했다고 한다. 조산의 위험이 있어 임신 6개월부터 입원을 하기도 했지만 예정 기일을 3일 넘겨서 분만 촉진으로 마침내 막내가 태어났다.

전화로 상담할 때 부부는 막내딸을 생기 넘치고, 재밌고, 똑똑하면서도 성격이 센 아이로 묘사했다. 동생인 아델라이드가 언니 오빠들을 오히려 부리는 것처럼 그려진다!

첫째부터 셋째까지는 젖꼭지 대신 애착 인형을 썼기 때문에, 이런 상황은 가족 모두가 처음 겪는 것이다. 아이가 집에서 보이는 태도와 행동은 어떤지 물어본다. 집에서 10여 개의 젖꼭지를 쓰고 있고, 부모가 아무리 젖꼭지를 끊으려고 해도, 항상 젖꼭지를 물고 있다고 한다. 아이의 말이 곧 법이다.

"젖꼭지 줘", "젖꼭지 찾아와", "여긴 내 자리야", "아냐, 목욕은 엄마랑 해."

"아이가 오열하는 것을 피하려고, 결국에는 요구를 들어주고 만다. 몇 시간이고 오열하고 소리를 지르기 때문에, 그걸 듣고 참느니 차라리 아이 뜻대로 해주는 것이 더 편하다"라고 부모는 고백한다.

나의 조언

✦ 젖꼭지는 3~4개만 사용하고 상자에 넣어서, 아이 방, 아이 손이 닿는 곳에 둔다.

✦ 2살부터는 아이 스스로 젖꼭지를 챙기도록 하고 어른은 더 이상 젖꼭지를 챙기지 않는다. 더는 찾아주지도, 사주지도 않는다.

✦ 아이 혼자 할 수 있는 일은 모두 아이 스스로 하도록 내버려 둘 것. 어른이 젖꼭지, 애착 인형, 숟가락 등을 아이 대신 주워준다면, 아이는 자기가 할 수 있어도 계속해서 도움을 요구하게 된다. 그건 밤에도 마찬가지다.

✦ 아이의 방 문기방 위에 마스킹 테이프를 붙이고 그 위에 붉은 마커로 선을 긋는다. 젖꼭지는 그 빨간 선 밖으로 나갈 수 없다. 따라서 아이가 젖꼭지를 물 수 있는 곳은 자신의 방 안뿐이다. 이렇게 하면 낮에는 젖꼭지를 끊을 수 있다. 자기 방에 혼자서 젖꼭지를 물고 있을지, 아니면 젖꼭지 없이 가족들과 함께 있을지를 아이가 정하도록 한다.

- 아이에게 새로운 규칙을 설명한다.
- 만약 아이가 방에서 젖꼭지를 물고 나오려고 한다면, 어른이 바로 차단하고 젖꼭지를 버리도록 한다.
- 아이가 자라고 있다는 것을 받아들인다. 공갈 젖꼭지를 계속 쓰다 보면, 이는 아이가 여전히 아기에 머물게 하는 부작용이 있다. 밤에 잘 자려면, 아이는 낮에도 다 큰 어린이처럼 대우를 받아야 한다. 밤중에 깨는 것은 아기나 하는 일이니까! 낮 동안에 무슨 일이 있었느냐가 의외로 밤잠에도 크게 영향을 미친다.
- 아이가 먹는 자리를 한자리로 정하고 가족 구성원 모두 각자 앉는 자리를 정한다. 이 사례에서 본 것처럼 아이가 자기 기분에 따라 식구가 어디에 앉을지 정해서는 안 된다. 형제자매의 자리를 뺏지 않도록 해야 하고, 온 가족 위에서 마음대로 하지 못하게 한다.

안아주기/흔들어 주기

 6개월 가브리엘의 사례

바네싸와 에르베가 아들 가브리엘이 낮에는 안아줘야 자고 밤에는 부모의 침대에서 잠들어서 내게 도움을 청해왔다. 안아 재운 뒤 침대에 내려놓으면 바로 깨서 소리를 지르는데 부모는 힘들면서도 아이의 성장에 영향이 있을지 걱정이다.

가브리엘은 부부의 셋째다. 임신과 출산 과정에 큰 문제는 없었다. 2개월 때 소아 위식도 역류 증상을 진단받았지만, 치료의 효과가 있었는지 아기가 깨어있는 동안에는 잘 웃고, 덜 울게 되었다.

분유를 먹고 나면, 매번 오랫동안 엄마나 아빠의 품에 수직 자세로 안겨 있다가, 잠이 들고 나서야 방의 침대에 눕혔다고 한다. 저녁에 아기가 깨면 엄마가 바로 가서 안아주는 상황이 엄마가 자러 갈 때까지 반복된다. 당연히 저녁 시간과 밤 시간이 쉽지 않다.

부모는 아기가 혼자 잠들고, 통잠을 자기를 바라고 있다. 둘째도 아기 때 역류로 고생했지만, 잠드는 데 문제는 없었기에 부부는 이런 일을 처음 겪어 보는 셈이다.

아이는 공갈 젖꼭지와 애착 인형이 있지만, 딱히 정을 붙이지는 않았다. 4개월부터 베이비시터가 봐주고 있다. 수면 문제 외에는 4끼 식사를 하고, 이제 막 이유식을 시작해 모든 것이 완벽하다.

이와 같은 사례를 정말 많이 본다. 역류 방지를 위해 부모는 오랫동안 아이를 세워서 안고 있어야 한다. 그러다 보면 안긴 상태 그대로 잠드는 것이 버릇이 된다. 아기가 침대에 누웠을 때 우는 것은 다음과 같은 이유일 수 있다.

✦ 역류에 대한 치료를 받기 전에 아기가 누운 자세에서 느낀 통

증을 기억해서.

- ✦ 어른들하고 헤어지기 싫어서.
- ✦ 침대에 혼자 있기 싫어서.
- ✦ 잠드는 것이 위험하다고 상상해서.
- ✦ 잠들기 싫어서.
- ✦ 버려질까 하는 두려움이 있어서.

아기는 역류 때문에 엄마 아빠에게 안겨서 잠들며 혼자 잠드는 법을 배우지 못했다. 그래서 잠드는 것이 위험한 일이라고 상상할 수 있다. 따라서 아기는 자신의 침대를 안전하고 포근한 장소라고 느끼며 정을 붙일 수 있어야 한다. 부모가 자주 가되 짧은 시간 머물며, 아기를 안심시켜 주는 것이 필수다. 이 과정을 통해 아기는 부모를 믿고 안심할 수 있다는 사실을 인지하게 된다.

 나의 조언

- ✦ 역류로 인해 아이가 더 이상 신체적 고통을 느끼지 않는지 확인한다.
- ✦ 아이가 깨어 있을 때 침대에 눕힌다.
- ✦ 책에 나온 수면 교육 방법을 실행한다.
- ✦ 아이가 자신의 침대를 안전하고 편안한 공간으로 인식하도록 도와준다.
- ✦ 애착 인형은 잠들 때의 친구다.

- ✦ 아이가 필요로 하지 않는다면, 공갈 젖꼭지는 피한다.
- ✦ 아이가 잠들거나, 밤에 잘 때 부모는 더 이상 필요하지 않다는 사실을 받아들인다.
- ✦ 베이비시터나 어린이집에 알리기 전에 아이가 집에서 혼자 잠드는 법을 배워야 한다.

분유

 15개월 플로르의 사례

야스민과 에릭의 딸 플로르는 평상시에 잘 웃고, 장난꾸러기에 생기와 호기심이 넘치지만, 밤에 여러 번 깨서 물을 달라고 한다. 부부는 지쳤고 문제 해결을 위해 제3자의 객관적인 평가를 듣고 싶어 했다.

상담하며 우리는 이야기를 처음부터 짚어본다. 임신 기간은 입덧으로 내내 고생이었고 36시간의 긴 진통 끝에, 아이는 자연 분만으로 태어났다. 제왕절개를 해야 할까 봐 걱정했던 엄마에겐 큰 안심이었다. 플로르는 순한 아기였고, 큰 문제도 없었다. 생후 2개월부터 밤잠을 자기 시작했고, 아이의 집과 베이비시터 집에서도 잘 먹고 잘 잤다.

상황을 이해하기 위해 부모에게 물어봤다. 아이는 낮에도 정상적으로 물을 마신다. 저녁에 수면 의식도 잘 자리 잡았고, 매일 제시간에 잔다.

10개월경에 목에 염증이 생기면서부터 밤에 깨는 버릇이 생겼다. 아기가 열이 오르자, 부부는 아이를 안고 물을 줬고, 기저귀를 갈아줬다. 이때 이후로, 아이는 밤에 계속해서 물을 찾기 시작했다.

아이가 밤에 물을 마시는 것에 의존하게 돼버린 것 같다. 이런 의존성이 생기면, 밤중에 더 쉽게 깬다.

 나의 조언

+ 이 책에 소개된 방법을 실천하면서 밤중에 물 마시는 것을 끊도록 한다.
+ 폭염으로 매우 더울 때, 아이가 아프거나 열이 날 때, 혹은 의사가 권유할 때가 아니라면 물을 주지 않는다.
+ 아이의 건강 상태를 확인할 때만 아이를 안아 준다.
+ 밤에는 대변을 본 것이 아니라면 기저귀를 갈아주지 않는다. 아이가 소변을 볼 때마다 기저귀를 갈아주면, 밤중에 더 잘 깬다.

 1살 제레미의 사례

뤼과 베랑제르는 진이 빠졌다. 아들 제레미가 5개월이 되면서부터 제대로 잠을 이루지 못하고 밤중에 젖병을 한두 번 찾은 후에 매번 젖병을 비운다. 아이가 생후 2개월 되는 때부터 밤 9시부터 7시까지 통잠을 잤기 때문에, 이런 변화가 부모는 더욱 당황스럽다. 아이가 허겁지겁 분유를 마시고, 배가 차면 바로 다시 잠이 들어서 부모는 아이가 배가 고프다고 생각한다.

제레미의 이야기를 처음부터 짚어본다. 임신과 출산 모두 아주 잘 진행되었다. 아이가 태어나고 나서도 별다른 사건이 없었다. 엄마는 아들이 생후 3개월 반이 되면서부터 바로 직장에 복귀했다. 아이는 베이비시터 집에 완벽히 적응했고, 부모 둘 다 보육 방식에 만족하고 있다.

아이가 밤에 깨는 것을 이해하고, 내 소견을 주기 위해, 가족의 저녁 일과가 어떻게 되는지 묻는다.

⏰ 전형적인 저녁 일과

6시 45분 : 엄마가 아이를 베이비시터 집에서 찾아온다.

7시 : 집에 도착해서 아이를 목욕시킨다.

7시 30분 : 아이가 식사한다. 보통 퓌레와 유제품을 먹는다.

8시 : 아이가 피곤한 신호를 보내기 시작하면, 부모가 거실 소파에서 짧은 이야기를 들려주고, 노래를 불러준다.

8시 10분 : 아빠가 아이와 함께 방에 올라가고, 기저귀를 갈아준 후, 불을 끈 뒤, 안락의자에 앉아 분유를 먹인다. 아이는 분유를 마시면서 졸려 하지만, 침대에 널 때까지 깨어있다. 애착 인형을 끌어안고 혼자 잠든다.

자정에서 새벽 2시 사이에 아이가 깨어나 다시 우유를 찾는다.

부부는 모든 것을 다 시도해 봤다. 안아서 재워보려고도 해 봤고, 울려도 봤고, 안아도 줘 봤지만, 아무 소용이 없었다. 소아과 의사의 조언에 따라 물에 희석한 분유를 마시지 않고는 끝없이 소리를 질렀다. 엄마 아빠는 결국 포기하고 분유를 타 주고, 아이는 침대에서 혼자 마신다. 운이 좋으면 그때부터 7시~7시 반까지 잘 잔다. 다만 어떤 때는 새벽 5시쯤 또 깨서 우유를 찾는다.

 나의 조언

✦ 재우기 전에 젖병을 주지 않는다. 지금 아이가 우유를 마시면서 잠드는 것은 아니지만, 어쨌든 젖병을 마시는 것이 잠드는 과정의 일부로 크게 자리 잡혀 있다.
✦ 젖병은 거실에서 준다.
✦ 피곤해 보이는 신호를 보이자마자 이야기를 들려주고, 자장가를 들려주는 수면 의식을 아이의 방에서 한다. 다만 침대에서 하지 않고, 미등을 켜둔 채 한다.
✦ 아이가 완전히 깨어 있을 때 침대에 눕힌다.

부모가 저녁 의식을 바꾸자마자, 제레미는 밤에 깨는 것을 멈췄다.

음악

 13개월 트리스탄의 사례

타마라와 울리히의 아들 트리스탄은 11개월이 될 때까지 완벽하게 잘 잤다. 하지만 지금은 주기적으로 깨고, 음악을 틀어주면 다시 잠든다고 한다. 소아과 의사 상담을 받아봤지만, 아이의 건강 상태는 완벽했고, 물리치료 등도 받아봤지만 아무 효과가 없었다. 여러 차례 아이가 깨어나는 상황에 두 사람은 지쳤고, 이 문제가 부부 사이에도 문제가 되기 시작해 내게 연락을 해왔다.

트리스탄의 이야기를 처음부터 짚어본다. 임신과 출산은 상대적으로 잘 지나갔고 태어나고 별다른 일이 있었던 것도 아니다. 아이는 낮 동안에 외할머니가 봐주는데, 이때는 아주 잘 잔다. 종종 외할머니 댁에서 밤을 보낸 적도 있는데, 이때마다 깨지 않고 잘 잤다. 그래서 아이의 일과가 어떻게 되는지 물어봤다.

⏰ 전형적인 저녁 일과

6시 45분 : 귀가한다.

7시 : 아빠가 목욕시킨다.

7시 30분 : 아이가 식사를 하고, 잠들러 가기 15분 전에 거실에서 젖병을 마신다.

8시 10분 : 수면 의식 시간. 짧은 이야기와 자장가를 들려준다.

8시 20분 : 아이가 침대에 눕고, 애착 인형을 잡는다. 부모는 방에서 나오기 전에 자장가 CD를 틀어준다. 항상 이런 식으로 수면 의식을 해왔다. 자장가는 아이에게 이제는 쉴 시간이란 걸 알려준다.

밤에 아이가 깨면, CD를 틀어주기만 하면 바로 다시 잠든다.

트리스탄이 밤에 자주 깨는 원인을 파악하기 위해 여러 질문을 던져본 결과, 나는 자장가 자체가 무해할지라도 이 상황의 원인이라고 진단한다.

 나의 조언

✦ 아이가 잠들 때 음악이나 자장가를 피한다. 돌아가는 모빌이나, 천장에 쏘아주는 빛이나 별빛 같은 것도 잠들기 전에는 피한다.
✦ 너무 빛이 강한 전등은 쓰지 않도록 한다. 밤에 광원이 적을수록, 아이는 더 잘 잔다. 어두운 것, 늑대, 괴물 등을 무서워하는 아이라면 작은 조명을 쓰는 것이 도움이 될 수 있지만, 그 전에는 불필요하다.
✦ 필요하다면 책에 소개된 방법을 쓴다.

상담 후 4일이 지났을 때, 트리스탄이 3일째 통잠을 자기 시작했다는 메일을 받았다.

새끼손가락

생후 5개월인 말로는 위안이 필요하거나 잠들 때 부모의 새끼손가락을 빤다. 엄마 마이웬과 아빠 브리왹이 공갈 젖꼭지와 애착 인형을 줘봐도 아이는 거부했고, 잠들 때마다 새끼손가락을 빨지 않으면 여러 차례 오열했다.

엄마는 곧 직장에 복귀할 거고, 보모가 아이를 봐줄 예정이다. 보모는 다른 아이들도 같이 보는데, 아이가 새끼손가락을 물려야만 자는 점 때문에 다른 아이들과 같이 봐줄 수 있을지 걱정스럽다.

마이웬은 3개월간 모유 수유했다. 출산한 병원에서 모유 수유에 방해가 될 수 있으니 공갈 젖꼭지는 쓰지 말라는 조언을 들었다. 만약 아이가 빨기 욕구를 느낀다면, 새끼손가락을 물려보라고 했고 이제는 그 말이 원인이 되어버린 상황이다.

아이가 독립적으로 성장할 수 있도록, 부모는 내게 도움을 청해왔다. 놀랍게도, 혼자 잠들지는 못하는데 통잠은 잔다고 한다.

말로는 부부의 첫아이로 계획하자마자 임신이 되었다. 임신과 출산 모두 잘 지나갔고 산통은 48시간으로 길었다. 말로는 첫 3달간 많이 울었는데 배앓이를 가라앉히고 아이를 안심시켜 주려 오랫동안 안아주었다. 그 이후부터는 비교적 돌보기 쉬운 아이라고 한다.

새끼손가락은 부모와 자식 간을 이어주는 일종의 연결 끈과 같다. 탯줄과 비슷한 역할을 하는 것이다. 부부에게 변화를 맞을 준비를 하라고 권유한다.

방법을 실천하기 전에, 아이에게 일단 어떤 식으로 바뀔 건지 설명을 해줘야 한다. 예를 들면 이런 식이다.

"네가 막 태어났을 때는, 뭔가를 빨고 싶었기 때문에 엄마 가슴을 물고 자거나, 우리 새끼손가락을 물고 자곤 했단다. 그 이후로 우리 아가는 많이 커서, 더는 새끼손가락을 물지 않고도 잘 수 있는 나이가 되었어. 엄마랑 아빠도 어릴 때 혼자 자는 법을 배워야 했단다. 말로도 이제 혼자 자는 법을 배워야 해. 엄마랑 아빠가 우리 아가가 혼자 잘 수 있도록 곁에서 도와줄게. 말로는 충분히 그럴 힘이 있단다. 우릴 믿으렴. (애착 인형 이름)도 너를 도와줄 거야. (애착 인형 이름)은 언제나 너와 함께란다. 만약 뭔가를 빨고 싶다면, 네 손가락이나, (애착 인형 이름)의 귀나 팔, 다리를 빨아도 괜찮아."

나의 조언

✦ 애착 인형을 만들어 새끼손가락 대신 인형을 빨 수 있도록 항상 아이와 함께 둔다.

✦ 책에 소개된 방법대로 부모에서 애착 인형으로 전이하는 순간에 아이를 도와준다.

✦ 방법 실천 중에 아이는 오랜 습관을 끊으면서, 애착 인형에 더

정을 들이게 될 것이다.

✦ 공갈 젖꼭지는 피하고 아이의 능력을 믿는다.

✦ 애착 인형과 함께 아이가 깨어있는 상태에서 침대에 눕혀준다.

곁에 있어 주기

 15개월 줄리엣과 알반느의 사례

엄마 이자벨이 딸 알반느가 밤중에 깨는 문제로 내게 연락해 왔다. 알반느에게는 쌍둥이 자매 줄리엣이 있는데, 줄리엣은 밤에 잘 잔다. 그녀는 내가 직접 딸아이를 만나보고, 두 딸의 방이 어떤 식으로 꾸며져 있는지 등을 보기 위해 자택에서 상담하기를 원했다.

내가 도착했을 때, 이자벨의 배우자 마크가 나를 맞아주었고 쌍둥이들은 낮잠을 자고 있었다. 이자벨이 몇 분 후 도착했다. 아내가 없는 틈을 타서 마크는 내게 아주 분명히 말했다.

아내가 이 상담을 받아야 한다고 주장했지만, 그는 이 상담이 전혀 쓸모없는 것이라 생각하고 있었다. 벌써 15개월째 부부는 제대로 잠을 못 자고 있고, 할 수 있는 방법은 다 써봤다는 것이다. 그러니 내가 어떻게 그들을 도울 수 있을지 모르겠다고 그는 말했다.

그렇게 말하면서도 그는 매우 예의 바르게 행동했고, 어떠한 적대감도 보이지 않았다. 상담받는 부모가 그토록 분명하게 상담 결과에 대한 불신을 보인 것은 처음이었지만 그의 느낌을 이해하고 받아들인다.

나는 그에게 내게 상담받은 부모 모두, 내게 연락하기 전에 할 수 있는 방법은 다 써봤던 사람들이라고 말해줬다. 또 상담에 함께해 줘서 고맙다고 말해줬다. 왜냐하면 아이들에게 좋은 수면은 최우선으로 중요한 것이고, 또 부인을 위해서도 남편이 있어 주는 것이 중요하기 때문이다. 이자벨은 나를 보며 미소를 지어준다. 내 말에 안심한 듯 보인다.

딸아이의 이야기를 되짚어 보며 상담을 시작했다. 부부는 아이를 원했고, 쌍둥이를 임신했다는 사실에 놀라기는 했지만 크게 충격을 받거나 스트레스를 받지는 않았다. 임신 기간 동안 이자벨과 마크의 가족 내에서 갈등이 있었고, 조모 한 분이 돌아가시기도 했다.

31주째에 조산 위험으로 입원을 했다가 35주 차에 제왕절개를 했다. 몸무게 2.8킬로그램, 2.9킬로그램의 아이들이 배에서 나왔을 때, 울지 않았기에 양수를 빨아들이고 15분간 긴급 처치를 하였다.

다시 아기들을 품에 안았을 때 부부는 안심했고 아이들이 태어나기 전부터 많이 닮았다는 걸 느꼈지만 일란성쌍둥이라는 사실을 확실하게 알 수 있었다.

엄마는 6개월간 분유 보충하며 모유 수유했고 아이들이 태어난 이후로 일을 그만두었기 때문에 특히 고립되었다고 느낀다.

아이가 일어나는 상황의 대응에 대해서 부부의 의견 차이가 커서 갈등도 빚어졌다.

알반느가 밤중에 깨는 원인 파악을 위해 여러 질문을 던진다. 공
갈 젖꼭지를 쓰고, 애착 인형 대신 애착 담요가 있다. 밤중에 공갈
젖꼭지를 자주 잃어버리고, 깨기도 한다. 엄마가 일어나서 다시 젖
꼭지를 찾아준다.

⏰ 전형적인 저녁 일과

6시 30분 : 엄마가 목욕시킨다.

7시 15분 : 쌍둥이가 식사한다.

7시 45분 : 거실에서 우유를 마신다.

8시 : 기저귀를 갈아주고 둘 다 품에 안겨 잠이 든다.

낮잠과 밤잠 모두 같은 방에서 잠들고 같은 수면 의식을 적용한다.
두 자매 모두 부모 품에 안겨야 잠이 든다는 사실을 알게 되었다. 엄
마가 보기에는 딸들도 잠을 많이 못 자 지쳤는데, 버티다가 포기하고
잠들 때까지 시간이 오래 걸린다. 품속에서도 많이 버둥거리고, 칭
얼거리고, 잠이 들 듯해서 침대에 내려놓으면 바로 다시 깨서 울며
부모 품을 찾는다. 부부에게 더 이상 평온한 저녁 시간이란 없으며,
밤잠도 마음껏 잘 수 없어 두 사람 다 매우 지쳤다.

줄리엣의 경우에는 잠드는 데 어려움을 겪지만 놀랍게도 밤에는
깨지 않는다. 하지만 알반느는 밤에도 깨서 알반느는 살짝 잠에서 깰
때마다 다시 부모의 품에 안겨야 잠이 들 수 있다. 한밤중에 깨기만
하면, 우유를 찾고 단숨에 다 마시곤 한다.

 **나의 조언**

+ 아이 스스로 잘 수 있도록 책에 소개된 수면 교육 방법을 적용한다.

+ 잠들 때 아이의 입에 공갈 젖꼭지를 물리지 말고, 물더라도 아이가 스스로 물 수 있어야 한다.

+ 공갈 젖꼭지나 젖병을 찾으며 한밤중에 깰 경우에도, 책에 소개된 밤중에 깼을 때 대처하는 방법을 적용한다.

두려움

두려워서 잠을 편하게 자지 못하는 경우는 만 2세 반 정도에 나타난다. 어둠, 늑대, 커튼, 괴물 등의 존재 때문에 아이가 혼자 잠드는 것을 무서워한다. 따라서 부모와 떨어지는 것을 거부하고, 계속해서 곁에 있어 달라고 보챈다. 아이가 많은 악몽을 꾸는 시기이기도 하다.

 4살 반 소피의 사례

발레리와 존이 딸 소피가 밤중에 여러 번 깨는 문제로 상담을 요청했다. 소피는 여러 차례 깨다가 결국에는 새벽 3~4시경에 부모의 침대에서 잠든다. 태어난 이후, 아이가 통잠을 잔 것이 손에 꼽을 정도라 부모는 딸이 염려스럽고, 지쳤으며, 어찌해야 할지 막막

하기만 하다. 한편, 소피의 여동생 아나이스는 생후 9개월인데 완벽히 잘 잔다.

상담은 집에서 진행하며, 온 가족이 상담에 참여한다. 아나이스는 낮잠을 자고 있었다.

나는 상담 전에 소피에게 우리의 만남에 대해 미리 말해줄 것을 권했다. 내가 도착하자, 아이는 약간 압도된 듯, 소심한 태도를 보이고 멀찍이 거실에서 나를 바라보고 있다. 소개를 하면서 나는 의사 선생님도, 간호사도, 베이비시터도 아니라고 미리 알려준다. 나는 순전히 소피가 편하게 잘 수 있도록 도와주고, 온 가족과 함께 해결책을 찾기 위해 여기 있는 것임을 알려준다. 아이가 나를 조금 신뢰하는 듯 보이자 아이에게 방을 보여줄 수 있을지 물어보고 아이는 기쁘게 승낙한다.

아이 침대가 방의 한 모서리에 머리 쪽이 벽을 향하도록 놓여있는 것을 확인한다. 침대에서 방문이 바로 보여 누가 들어오는지 볼 수 있으므로 아이를 안심시켜 주기 좋은 배치다.

방 안에 몇 없는 장난감은 다 아이의 나이에 맞는 것들이다. 나머지 장난감들은 다 거실에 있어서 아이가 자기 방에 정을 붙일 시간이 부족했으리라 짐작해 본다. 엄마도 딸이 방에서 거의 놀지 않는다며 내 짐작을 확인해 주었다.

딸아이가 방을 좋아할 수 있도록 자주 아이 방에서 놀아주고, 그 공간을 기분 좋게 느낄 수 있도록 부모가 도와줘야 할 필요가 있어 보인다.

다 같이 소피의 이야기를 처음부터 짚어본다. 기다렸던 임신 소식이었다. 소피가 잉태되기 1년 전에 발레리는 의학적 이유로 임신 중절을 해야 했기 때문에, 딸아이를 잃지는 않을까 건강상에 문제가 생기진 않을까 걱정을 많이 했다고 한다. 하지만 9개월 동안 큰 문제는 없었고 아이는 예정일에 맞춰 건강하게 태어났다. 출산 과정 또한 부부는 좋은 기억을 품고 있다.

생후 9개월 동안은 많이 울고 보챘기에 안아서 키웠다.

엄마가 임신 내내 겪었던 '죽음에 대한 불안감'을 딸아이가 느꼈던 것이 아닐까 생각이 든다. 신생아 때부터 9개월까지, 아이는 엄마 배 속에서 느꼈던 엄마의 감정을 다시 경험하기도 한다.

나는 소피에게 말했다.

"엄마, 아빠 말씀 들었니? 엄마, 아빠 모두 네가 태어나기를 간절히 기다리셨단다. 이름도 정하고, 너를 잘 맞이하려고 집에 예쁜 방도 준비해 주셨어. 네가 태어나는 소식은 부모님께 아주 큰 기쁨이었단다. 그런데도 분명 배 속에서 엄마가 걱정하는 것을 느꼈을 것 같아. 어쩌면 엄마 배 속에 있는 동안 네가 죽을지도 모를까 무서웠을 수도 있어. 하지만 그 모든 감정이 너 때문이 아니란 걸 꼭 알아야 해. 왜냐하면 네가 태어나기 전에 엄마 배 속에 작은 남자아이가 있었는데, 그 아이는 계속 자라나지 못하고 심장이 멎어버리고 말았거든. 네 아빠와 엄마에게는 아주 힘들고 큰 시련이었어. 그러니, 몇 달 후에 네가 생겼다는 사실을 알았을 땐 기쁘면서도 아주 무서워하셨을 거란다."

아이는 내 말을 주의 깊게 들으면서, 종종 부모에게로 시선을 옮긴다. 우리는 소피에 관한 이야기를 계속 이어간다. 집과 학교에선 아이가 어떻게 행동하는지, 잠버릇은 어떤지 등을 물어본다.

옷 입기, 다른 방에 들어가기, 혼자 놀기, 화장실 가기 등등을 아이는 혼자 하지 못하고, 엄마나 아빠가 있어야 한다는 점 등을 알게 되었다. 겁이 많은 소피는 그 때문에 독립성이 부족하다. 소피의 두려움을 달래주기 위해 부모는 아이의 말을 들어주고, 계속 곁에 있어 준다. 이런 태도 또한 아이의 경험과 관련된 죽음에 대한 공포, 이별에 관한 것일 가능성이 크다.

소피가 잘 자려면 혼자 잠드는 법을 배워야 한다. 또 낮에도 좀 더 독립심을 키울 필요가 있다. 아이에게 나는 이렇게 설명한다.

"네 아빠와 엄마, 할아버지, 할머니, 삼촌과 숙모, 주변 모든 어른도 다 어렸을 때는 혼자 화장실에 가고, 혼자 놀고, 혼자 자는 법을 배워야 했단다. 부모님께서 네가 좀 더 독립적인 아이가 되고, 많은 것을 혼자 할 수 있도록 도와주실 거야. 걱정 마, 소피라면 충분히 그렇게 할 능력을 다 갖추고 있단다. 네 몸과 마음이 건강하게 자랄 수 있으려면 아주 중요한 일이란다. 네가 화장실에 가거나 잠이 들 때, 엄마 아빠가 너를 도와주려 곁에 있어 주면 오히려 너는 모든 것이 무섭게 느껴질 수 있어. 이제는 소피가 혼자 할 수 있도록 엄마 아빠가 응원해 주실 거야. 왜냐하면 너는 무서워하는 것과 엄마 아빠와 떨어지는 것도 혼자서 이겨낼 수 있을 만큼 다 컸으니까. 엄마, 아빠가 계시지 않은 방이나 장소에 가더라도, 네가 죽거나 버림받을까 봐 두려워할 필요가 없단다. 네 부모님은 언제나 네 곁에 있을 테니까."

✦ 아이가 화장실에 가거나 다른 방에 들어갈 때 혼자 가기를 무서워하면, 부모는 긍정적이고 따스한 말로 딸아이가 혼자 할 수 있도록 응원할 것을 추천한다. 예를 들어 이렇게 말해준다. "너를 믿으렴. 너는 충분히 혼자 할 수 있는 능력을 이미 다 갖추고 있단다."

✦ 아이가 혼자 할 수 있는 일을 대신 해주지 않는다.

✦ 매일 저녁 같은 시간에 수면 의식을 할 것을 제안한다. 시계 위에 컬러 스티커 등을 붙여서 시각적으로 그 시간을 표시하도록 한다. 반복적인 것은 뭐든지 다 위안이 되는 셈이다. 만약 수면 시각이 8시 30분이면(6시 방향에 빨간 스티커), 매일 저녁 긴 시곗바늘(분침)이 3시를 가리킬 때(8시 15분, 파란 스티커), 방에서 짧은 이야기를 읽어주기로 한다.

✦ 수면 의식은 15분을 넘기지 않도록 한다. 수면 의식은 '쉬하기와 치카치카'부터 시작한다.

✦ 시각 알림 외에도 부엌의 타이머 같은 청각 알림도 써본다.

✦ 8시 30분에 타이머가 울리면, 분침이 6시 방향을 가리킨다. 이야기를 들려주고 있었다면 10초 내로 이야기를 마치고, 책갈피를 낀다. 나머지 이야기는 내일 들려주겠다고 한다. 아이에게 뽀뽀하고 방을 나온다.

✦ 아이가 다른 방식으로 안심하고 위안을 얻을 수 있도록 책에 나온 수면 교육 방법을 실천한다.

✦ 밤에 아이가 깨면 따뜻하게 아이를 위로하며 방으로 데려가고, 필요한 경우 밤에 쓰는 수면 교육 방법을 실천한다.

내가 집을 나서려 하자, 소피가 아주 작고 예쁜 조약돌을 내게 주었다. 딸아이가 아끼던 물건이라, 엄마는 깜짝 놀란 듯 보였다. "이 돌을 오드에게 줘도 정말 괜찮겠어?" 하고 아이에게 엄마가 묻자, 아이는 아주 흔쾌히 "응!" 하고 엄마에게 대답했다.

소피 나름의 방식으로 상담료를 내고 싶었던 것 같다. 내게 와줘서 고맙다고 자신만의 보답을 해준 것이다. 이는 아이가 상담에 만족했다는 뜻이고, 자신의 습관을 바꿔 성장하고 싶다는 의지를 보여주는 것이기도 하다. 아이는 내게 와줘서 고맙다고 했다. 아이는 자기 스스로 할 수 있고 그럴 수 있을 만큼 충분히 컸다는 말을 들어서, 안심된 듯하다.

그다음 날, 아이의 엄마를 통해 아이가 혼자 자기 침대에서 잠들었고, 밤중에 깨지도 않았고, 훨씬 독립적인 모습을 보이기 시작했다는 말을 들었다. 결과가 그렇게 빨리 나타나서 나는 깜짝 놀랐다. 온 가족이 변화를 간절히 기다리고 있었던 듯하다.

2살 반 샤를의 사례

파올라가 아들 샤를이 매일 밤 너무 무서워하며 깬다고 내게 연락을 해왔다. 자다가 일어나 방에서 나와 거실에 있는 부모를 찾고, 수십 번도 넘게 불러 곁에 있어 달라고 한다. 그러다 보니 가족의 저녁 시간이 힘들어졌다. 회초리도 들어보고, 차분한 시간도 가져보았다가, 귀담아 들어주거나 소리까지 질러보며 할 수 있는 건 다 시도해봤다고 한다. 하지만 이 모든 방법에 아무런 효과가 없었다.

아이는 결국 밤 10시, 11시가 다 되어 잠이 들고, 그 이후부터는 밤새 잘 잔다. 아이의 임신부터 출산까지 별다른 일이 있던 것도 아니다. 생후 5개월부터 집에서 베이비시터가 아이와 동갑내기 여자아이를 같이 봐준다.

🕐 전형적인 저녁 일과

7시 : 엄마가 퇴근해 집에 오면, 베이비시터와 교대한다. 목욕은 이미 베이비시터가 시켰다. 아이를 안아주고 아이와 함께 놀아준 다음, 저녁 식사를 준비한다.

7시 45분 : 아이가 식사를 한다. 아주 기쁘게 먹는다.

8시 : 아빠가 퇴근해, 아들과 같이 시간을 보낸다.

8시 30분부터 8시 45분 : 쉬하고 양치질을 한다.

8시 45분부터 9시 15분 : 이야기와 자장가 들려주기, 안아주기 등을 방에서 한다.

9시 15분 : 부부가 방을 나가려 한다. 이때부터 매번 까다롭다. 아이가 어둠이 무섭다고 하고, 방에 불을 켜달라고 하고, 복도 불이 들어오게 문을 활짝 열어달라고 한다. 늑대, 마녀, 소리 등등이 무섭다고 한다.

✦ 엄마, 아빠가 언제나 아이를 지켜줄 거라고 알려준다. 이것이 바로 아이가 두려움을 표현할 때마다 듣고 싶어 하는 핵심적인 주 메시지다. 예를 들어, "안심해, 엄마 아빠가 항상 지켜줄 거야. 무슨 일이 생기든, 언제나 우릴 믿으렴." 같이 말해준다.

✦ 아이의 두려움을 들어주고, 아이가 두려움을 표현할 수 있도록 북돋아 준다. 아이의 감정을 받아들이고, 이해해서 공감해 준다. 예를 들어, "우리 아이가 늑대가 무섭구나? 나도 알아. 또 네가 두려워하는 마음을 나는 존중한단다. 왜냐하면, 나도 네 나이만 할 때는 똑같이 무서워했으니까. 안심하렴, 아주 당연한 일이란다. 할아버지와 할머니도 2살 반 때에는 늑대를 무서워했어. 너라면 멋지게 그 두려움을 이겨낼 수 있어. 네가 필요할 때는 항상 우리가 있을 거란다"라고 말할 수 있다.

✦ 어른이 어렸을 때 겪은 경험담을 들려주면 아이가 동질감을 느끼고 자기 능력을 믿는 데 도움이 된다.

✦ 아이에게 현실을 알려준다. 아이의 두려움은 실재하며 허상이 아니다. 따라서 아이를 위로해 주되, 아이의 논리에 빠져들어선 안 된다. 예를 들면 이런 식이다. "늑대들이 집에 들어올까 봐 두렵다는 거로구나. 안심하렴. 하지만 늑대들은 아주 먼 숲과 산속에 살기 때문에 그런 일은 일어나지 않아. 불가능해! 그리고 괴물들과 마녀들은 존재하지 않는단다."

✦ 빛은 수면 호르몬인 멜라토닌 분비를 늦추니 최대한 줄인다.

어두울 때만 뇌에 멜라토닌 호르몬이 방출된다. 저녁에 환하게 불을 켜두면, 수면을 더욱 늦추게 된다.

✦ 아주 작은 미등을 쓰거나 아니면 아이의 방문을 2, 3센티미터 정도 열어둔 채, 욕실이나 화장실 불을 켜두는 것에 그친다.

✦ 아이가 방에서 나오지 않도록 아이 방 문지방에 붉은색 스카치 테이프를 붙여둔다.

✦ 아이에게 예고하며 말해준다.
"규칙은 네 방에 있어야 한다는 거야. 네가 필요하다면 엄마 아빠가 너를 보러 올 거야."

✦ 아이가 두려워하면 자주 아이를 보러 간다.

✦ 아이가 혼자 잠들도록 한다. 부모가 곁에 있을 때 아이가 잠들게 되면, 아이는 자신의 두려움이 옳다고 믿을 수 있다.

✦ 책에 소개된 방법을 실천한다.

아기 띠/유모차

많은 아기가 흔들어줘야 잠이 들기도 한다. 어떤 아기들은 안아주거나, 바운서에 뉘어주기만 해도 되지만, 어떤 아기들은 유모차나 아기 띠 등에 안고 나가야 하는 경우도 있다. 아이가 혼자서도 잘 자고, 가끔가다 일부러 밖에 나가는 와중에 잠드는 거라면 아무 문제없다. 하지만 내가 만나는 아기들은 그렇지 않은 경우가 많다. 한 젊은 부모가 겪은 경험을 소개한다.

8개월 셀리아의 사례

토니와 아녜스의 딸 셀리아가 매일 평균 4시간 동안 유모차나 아기 띠를 통해서만 잠이 들어서 내게 연락해 왔다. 두 사람 다 프리랜서로 자택 근무를 하기 때문에 엄마가 아침에 아이를 보는 동안 아빠가 일하고, 오후에는 역할을 바꾸는 식이다.

부부는 항상 보채고 엄마, 아빠의 관심을 받고 싶어 하는 딸 때문에 제대로 일하기가 쉽지 않다고 고백한다. 잠이 부족해 낮에도 잘 우는 딸아이가 걱정이면서도 더 이상 뭘 어떻게 해야 할지 모르겠는 상황이다.

셀리아는 그들의 첫아이로 임신과 출산 모두 잘 지나갔다. 첫 3개월 동안은 안정적인 애착 형성을 위해 많이 안아줬고, 안긴 채로 잠드는 경우가 많았다고 한다. 하지만, 점차 안아주는 것만으로는 충분하지 않게 되었다고 한다.

부부는 아이가 침대에서 혼자 잠드는 방법을 배우기를 원했지만, 수면 교육을 하려는 동기가 내 마음에 조금 걸렸다. 이런 동기로 수면 교육을 할 경우 부부는 지레같에 시달릴 위험이 있다. 나는 부부가 내게 어떤 식으로 상담 요청을 해야 하는지, 어떻게 해야 상황에 대해서 조금 다른 시선으로 바라볼 수 있을지를 알려준다.

"여러분들의 우선순위가 셀리아의 수면 자체이기를 바랍니다. 아이가 커갈수록, 잘 때 자기 침대에 정을 들여야 깊이 잘 수 있으니까요. 제 방법을 실천하며 아이의 수면을 교육하는 일은 여러분의 부모로서의 의무입니다. 왜냐하면 진정한 부모의 의무는 아이에게 좋은 것을 주는 것이니까요. 상황을 이런 식으로 보게 되면, 필요한 방법을 실천할 때, 여러분의 죄책감이 훨씬 덜하게 되거나 아니면 아예 없어져 버릴 겁니다."

일단 아이를 돌보면서 동시에 재택근무를 한다는 것 자체가 좋은 선택이라고 볼 수 없다. 당장에는 편리하고 쉽고, 경제적으로도 이익이라고 볼 수 있지만, 집에서 일하는 부모는 아이도 충실히 봐주기 힘들고, 일도 손에 제대로 잡히지 않는다. 결국 금방 여러 가지 문제가 생기고 반복될수록 부모는 죄책감에 시달리게 된다. 자기 부모가 죄책감이나 짜증에 시달리는 것을 느끼면, 아이는 원인이 자기 탓이라고 느낄 수도 있고 더 많이 울 수도 있다. 따라서, 아이가 위안을 느낄 수 있도록 안심시켜 주는 것이 필수적이다.

유모차를 끌어주거나 아기 띠로 안아 줘야만 자는 것 외에 다른 문제점이 없어 보인다. 부부가 자러 갈 때 유모차나 아기 띠에서 옮겨 침대에 뉘어주면, 아이는 놀랍게도 그다음 날 아침까지 잔다.

⏰ 전형적인 저녁 일과

6시 30분 : 목욕한다.

7시 : 이유식을 먹는다.

7시 45분 : 거실에서 분유를 먹는다.

8시 15분 : 부모가 유모차에 아이를 태우고 나가 재운다. 아이가 잠들면 집에 돌아와 유모차에 아이를 두거나, 아기 띠를 하고 안아준다. 한참 후에 아이 방 침대에 아이를 누인다.

 나의 조언

✦ 가능하다면 아이를 집에서 보지 않고, 일하는 동안에는 어린이집 같은 돌봄 서비스에 맡긴다.

✦ 유모차와 아기 띠는 정말 어디 가야 할 일이 있을 때만 쓴다.

✦ 책에 나온 방법을 실천하면서 아이가 자기 침대에서 안정감을 느낄 수 있도록 도와준다.

✦ 아이가 침대에서 잘 자면, 유모차나 아기 띠는 정말 아기와 함께 외출할 때만 쓰게 될 것이다.

모유 수유 때문일까?

　모유 수유를 선택한 많은 엄마가 아이들의 통잠 문제 때문에 종종 상담을 요청한다. 그때마다 엄마들은 모유 수유를 그만둬야만 아이가 편히 잔다는 말을 들을까 봐 걱정하기도 한다. 하지만 모유 수유는 낮잠이나 밤잠을 푹 자는데 방해되는 요인이 절대 아니다. 아이가 밤에 깨는 것은 아이가 젖을 빨다 잠들어버리기 때문에 의존성이 커져서 그런 것이다. 그러니 밤에도 깨서 엄마 젖을 찾는다.

　또, 단유를 하는 경우에도 많은 엄마가 젖을 물리는 대신 아이를 품에 안아 재우는 실수를 저지르고는 한다. 아이를 안심시키려는 좋은 의도에서 그러는 것이지만, 오히려 문제를 오랫동안 계속되게 하는 행동이다. 엄마가 수유와 잠들기를 분리해 주면, 모유 수유하는 아이도 충분히 혼자 잠들 수 있다.

　모유 수유 자체의 문제에 대해서 답하는 것은 내 역할이 아니다.

모유 수유 상담가, 조산부 및 관련 단체들에서 충분히 모유 수유에 관한 상담을 이미 잘해주고 있다. 내 역할은 수면에 관한 답을 해주는 것이다. 문제에 대한 접근법 자체가 다르고, 내 조언이 모유 수유에 관해 많이 나와 있는 조언들과 다르거나 반대되는 경우도 있을 수 있다. 이렇게 반대되는 이유는 아이가 컸거나, 아이가 크면서 우선순위가 바뀌었기 때문인 경우가 많다.

내가 봤을 때 가장 중요한 것은 나의 상담을 받으면서 엄마마다 자신들에게 맞는 조언을 찾아내는 것이다. 엄마들은 원한다면 계속해서 모유 수유를 할 수 있고, 동시에 아이가 질 높은 잠을 잘 수 있도록 도와줄 수 있다.

모유 수유는 아이의 안정감에 도움이 된다. 그렇지만, 모유 수유 때문에 엄마와 아이의 관계가 과하게 끈끈하고 강하게 이어지는 경우, 아이의 수면에 방해가 되는 경우도 종종 있다. 단유의 경험도 엄마나 아이가 힘들어할 경우, 아이의 수면의 질에 방해를 끼칠 수 있다.

주문형 모유 수유

 4개월 비아네의 사례

베레니스가 수유해야만 잠이 드는 아들 비아네 때문에 연락해 왔다. 베레니스는 소아과 의사가 조언한 대로 낮에는 한 시간에 한 번씩, 밤에는 2시간마다 주문형 모유 수유를 해오고 있다. 물리 치료사, 유사 요법사 등 다양한 전문의에게도 아이를 보여줘 봤지만, 모두 아이의 건강 상태는 정상이라고 진단했다. 그런데도 아이는 수유해야만 잠이 들고, 잠도 적어서 엄마도 많이 지친 상태다.

비아네의 이야기를 처음부터 짚어본다. 아이를 갖길 원했던 차에 임신했고 별다른 걱정거리는 없었다. 베레니스에 따르면 친구들이 임신하면 행복할 거라고 말해줬지만, 자신은 임신한 몸이 낯설고 익숙지 않아서 힘들었다고 말했다. 출산도 무사히 지나갔다. 모유 수유를 시작하는 건 문제가 없었다. 베레니스는 모유 수유하는 걸 좋아하지만, 4개월이 지나자, 하루 종일 자기 가슴에 매달려 있는 아들에게 마치 젖 주는 엄마 역할에 갇혀버린 것 같아 답답하다. 그녀도 잠깐 바람 쐬고 싶고, 아이를 맡긴 채 자신만의 시간, 부부 둘만의 시간을 갖고 싶다.

그녀의 배우자는 모든 문제가 모유 수유 때문이라고 생각하며 우리의 상담에 참여하지 않았다. 나는 이 점이 유감스럽다고 생각한다. 왜냐하면 아빠는 '엄마와 아이를 분리해 줄 제3자'로 아주 중요한 역할을 하기 때문이다. 엄마와 아기가 잠깐 떨어져 있을 필요가 있을 때, 아빠가 그런 역할을 해줄 수 있는 것이다.

엄마가 굉장히 지쳐 보이고 확실히 도움이 필요해 보인다. 그녀가 원하는 목표나 가장 터무니없는 꿈이 무엇이냐고 물었더니 답변은 아주 분명했다. 아이가 침대에서 혼자 자는 동시에 모유 수유는 계속할 수 있으면 좋겠다고 했다.

✦ 수유와 수면을 분리한다.

✦ 아이가 먹으려고 빠는 것이 아니라 잠들려고 빠는 기미가 보이면 바로 아이를 침대에 눕힌다.

✦ 아빠나 제3자를 개입시킨다. 아이가 피곤해 보이면 아빠가 아이를 침대에 눕혀준다.

✦ 아빠가 기저귀를 갈고 목욕시켜 준다. 엄마가 해주는 것과는 분명 다르겠지만, 그렇다고 엄마가 해주는 것보다 덜 좋은 것은 아니다! 아이도 변화에 익숙해지고 적응하게 될 것이다.

✦ 수유는 영양 보충의 목적으로만 한다.

✦ 안아 줄 때마다 바로 수유를 제안하지 않는다. 물론 수유가 아이의 정서를 안정시켜 주는 역할을 하지만, 사랑이 가득한 엄마나 아빠의 따스한 포옹도 마찬가지다! 아기가 운다고 해서 반드시 배가 고프다는 건 아니다.

✦ 아이를 도와줄 애착 인형을 투입한다.

✦ 수유 간격을 늘린다. 아이가 혼자 잠들 수 있고, 정서적 위안은 수유가 아닌 애착 대상과의 포옹 같은 스킨십에서 받을 수 있다면, 수유 간격은 자연스럽게 늘릴 수 있다.

✦ 낮에는 수유도 되도록 거실에서 한다.

✦ 마지막 수유는 밤 10시나 10시 반쯤에 한다. 너무 늦지도 이르지도 않은 시간이다. 이를 통해 아이는 더욱 빨리 통잠을 자게 될 것이다.

- 엄마와 아이 사이의 관계가 과하게 일심동체가 되는 것은 피한다.
- 독립적인 아이로 키우기 위해 책에 소개된 수면 교육 방법을 실천한다.

단유

 6개월 멜빈의 사례

직장 복귀를 앞둔 제시카가 내게 연락해 왔다. 그녀의 아들 멜빈이 젖병을 거부하고 며칠 전부터 낮잠을 안 자려고 한다. 피곤하다는 신호를 보이는 데도 침대에 눕히면 소리를 지른다. 제시카는 혼란스럽고 아이와 직장 복귀가 걱정이다.

아이는 1주일 전부터 베이비시터 집에서 적응 기간을 시작하기도 했다.

상담을 시작하며 우리는 멜빈의 이야기를 처음부터 짚어본다. 기다려 온 아이였고, 임신과 출산 모두 무사히 지나갔다. 원래 낮이고 밤이고 잘 자는 아이였는데, 천천히 단유를 시작하려고 하자 리듬이 틀어져 버렸다고 한다. 아이는 엄마 젖 외에는 아무것도 받아들이지 않았고 아빠, 할머니, 베이비시터 모두 다양한 시도를 해봤지만, 결과는 항상 같았다.

그래서 나는 엄마 본인이 직장 복귀에 대해 어떻게 생각하는지 물었다. 사실 그녀는 직장과 관련된 수많은 문제로 전혀 직장에 복귀하고 싶은 마음이 없다고 한다. 지금 엄마가 겪고 있는 모든 감정을 아이가 느끼고 있는 것이 아닐까 생각해 볼 수 있다.

자신이 겪고 있는 일과 아이에게 찾아올 변화에 대해서 엄마가 설명해 주는 것이 중요해 보인다. 그녀는 다음과 같이 말할 수 있을 것이다.

"어쩌면 요즘 엄마가 딴생각하고, 기분이 안 좋아 보인다고 느꼈을 수도 있어. 하지만 전혀 우리 멜빈 때문이 아니니까 안심하렴. 엄마가 다시 직장에 나가야 해서 스트레스를 받고 있어. 엄마는 다시 출근하고 싶지 않지만, 현재로서는 다른 선택의 여지가 없단다. 엄마의 마음을 우리 아이도 느껴서 젖병을 거부하는 걸지도 몰라. 엄마는 그런 멜빈이 걱정되지만, 멜빈도 맛있게 분유를 먹게 될 날이 올 거라고 엄마는 믿어. 이 모든 변화가 우리 아가에게도 쉽지 않을 거란 걸 알아. 엄마 아빠가 이 시기를 잘 보낼 수 있도록 도와줄 테니까, 안심하고 편하게 자도 괜찮단다. 엄마, 아빠가 일하는 동안 베이비시터인 프랑수와즈 아줌마에게 너를 맡기기로 했어. 엄마, 아빠는 그분을 전적으로 믿는단다. 프랑수와즈 아줌마가 낮 동안 너를 아주 잘 돌봐주실 거고, 저녁이면 엄마, 아빠가 항상 우리 아가를 찾으러 올 거란다. 우리는 반드시 다시 만나고, 만나면 서로를 안아 주고, 같이 놀고, 이야기책을 읽고, 너를 돌볼 거란다. 엄마는 우리 아가를 아주 많이 사랑해."

나의 조언

✦ 감정과 느낌을 겪은 대로 솔직하게 말한다.

✦ 베이비시터 집에 잘 적응할 수 있도록 애착 인형을 만들어 준다.

✦ 아이와 관련된 일들, 특히 변화가 생기는 부분에 대해 설명해 줘서 아이를 안심시킨다.

✦ 아이가 젖병을 거부할 경우 억지로 바꾸려 하지 않는다. 실제로 엄마가 직장에 복귀하고 나서야 젖병을 받아들이는 아이들이 많다.

✦ 마음을 편히 가진다. 아이는 변화에 대한 거부 반응으로 젖병 거부라는 방식을 선택한 것뿐이다. 이 시기도 지나가게 되어있다.

✦ 제3자를 개입시킨다.

✦ 아이의 수면이 방해받을 경우, 책에 나온 방법을 실천한다.

모유 수유를 오래 하는 경우

 22개월 밀라의 사례

베네딕트와 요한은 딸 밀라를 태어났을 때부터 모유 수유하면서 부부의 침대에서 재워왔다. 아이가 크면서 자기 방 침대에서 자도록 여러 방법을 써봤지만 아이는 거부했고 밤에도 수시로 깨는 아이 때문에 내게 연락해 왔다.

밀라의 이야기를 처음부터 짚어본다. 8년 동안 체외 수정을 시도했다가 임신이 어렵겠다 싶어 포기할 때쯤, 자연 임신이 되었다. 엄마의 나이가 40세 때 일이었다. 이 예기치 못한 임신은 그들의 삶에서 가장 아름다운 선물이었다.

부부는 뭔가 문제가 생길까 봐 불안했지만 임신 과정과 출산 과정은 무사히 지나갔다. 부부는 출산의 순간을 너무나 아름다운 순간으로 기억하고 있다.

모유 수유를 시작하기가 쉽지 않았다. 아기가 제대로 젖을 물지 못했고, 엄마는 수유 시 큰 통증으로 고생했다. 아기의 체중이 늘지 않았고, 의료진의 조언에 따라 출산 병동에서 분유 수유를 할 수밖에 없었다. 하지만 엄마에게 모유 수유는 매우 중요했고 딸에게 해줄 수 있기를 원했다. 집에 돌아와 상담가의 조언에 따른 덕분에, 모유 수유가 며칠 만에 자리 잡기 시작했고 아기의 체중도 완벽하게 불기 시작했다.

베네딕트의 이야기를 통해, 출산 병동에서 겪었던 일이 얼마나 그녀에게 큰 트라우마였는지 알게 되었다. 당시 그녀는 모유 수유를 중단해야 하나보다 생각했지만, 결국에는 "버텼다"라고 회상하며 눈가에 눈물이 고여 말했다.

22개월 밀라는 생기 넘치는 어린 아이다. 낮에는 어린이집에 가고 주중에는 아침, 저녁, 밤에 모유 수유를 하고, 주말과 여행 때는 주문형으로 상시 모유 수유를 한다. 어린이집 적응 기간과 첫 몇 달 동안은 아이가 제대로 낮잠을 자지 못했지만 요즘은 어린이집 바닥에 놓인 작은 침대에서 혼자 잘 잔다. 그와 반대로 집에서는 엄마 젖이 없으면 잠들지 못한다.

밀라는 애착 인형도, 공갈 젖꼭지도 없다. 엄마는 자신이 딸아이의 공갈 젖꼭지라고 아주 정확하게 짚어 상황을 분석했다. 거기에 더불어 내가 봤을 때, 아이의 애착 인형이기도 하다.

⏰ 전형적인 저녁 일과

✦ 6시 15분 : 엄마가 어린이집에 아이를 찾으러 간다.

✦ 6시 30분 : 집에 도착. 이때 다시 만남을 기념하며 짧막한 수유를 한다.

✦ 6시 45분 : 엄마가 목욕시킨다.

✦ 7시 15분 : 아이가 저녁을 먹는다.

✦ 8시쯤 아이가 피곤하다는 신호를 처음 보내면, 아빠가 딸을 데리고 부모 방 침대에 가서 짧은 이야기를 들려준다.

✦ 8시 15분 : 엄마가 와서 딸에게 모유 수유를 하며 아이가 잠들기를 기다린다. 아이가 잠들 때까지 30분에서 2시간까지 걸릴 수 있다. 끝이 없다. 22개월째 부부는 저녁 생활을 누리지 못하고 있다.

✦ 밤중에도 여러 번 깨서 아이는 잠들기 전에 엄마 젖을 찾는다. 부모는 밀라가 자기 방 침대에서 혼자 잠들기를 원하고, 아침까지 푹 자기를 원하면서도 모유 수유는 계속하고 싶어 한다.

충분히 가능한 일이라고 부부를 안심시키자 엄마가 단유 해야
하는 걸까 봐 걱정했다며 안심한다.

나의 조언

✦ 저녁 수유는 거실에서 한다.
✦ 아이가 수유 중에 잠들려는 기미가 보이면 수유를 중단한다.
✦ 아이 방에서 수면 의식을 만든다.
✦ 잘 때 아이의 친구가 되어줄 애착 인형을 만들어 준다.
✦ 수유는 온전히 영양 보충의 목적으로만 한다.
✦ 아이를 위로해 주고, 재회의 기쁨을 나눌 때는 애착 인형과 함
  께 아이를 꼭 안아 주는 것으로 대체한다. 단유 한 엄마들이나
  분유 수유한 엄마들도 아이는 사랑을 담아 안아 줄 수 있다. 이
  는 아빠도 마찬가지다!
✦ 아빠는 엄마와 아이를 응원하고 이끌어준다.
✦ 변화에 대비한다. 엄마는 더 이상 자신이 아이의 애착 인형이
  나 공갈 젖꼭지가 아님을 받아들인다.
✦ 필요한 경우 책에 나온 방법을 실천한다.

부모의 근심

부모가 되고 나면 그전까진 몰랐던 두려움들이 고개를 든다. 아이가 숨이 막힐까, 떨어질까, 다칠까 등등. 이런 부모로서의 근심은 당연한 일이다. 이런 크고 작은 두려움들은 시간이 흘러도 완전히 없어지지는 않지만, 아이가 태어나고 몇 개월이 흐르고 나면 어느 정도는 익숙해지기 마련이다.

선전적으로 근심이 많은 사람이 부모가 되면, 새로운 일상에도 큰 장애를 겪곤 한다. 이를테면 아이가 위험할까 봐 자동차도 못 탈 지경에 이르거나, 무슨 큰일이 생길까 봐 제3자에게 아이를 맡기지 못하고, 직장 복귀도 못 하는 상황에 부닥친다면 말이다.

부모의 걱정이 아이의 수면을 방해하는 상황 몇 가지를 소개한다.

영아 돌연사 증후군에 대한 두려움

 생후 7주 세바스티앙의 사례

세바스티앙은 낮이고 밤이고 잠을 잘 자지 못한다. 많이 울고, 계속해서 잠을 안 자려고 버티고 잠이 든다 해도 20~30분 후면 다시 깨서 화를 낸다. 아빠 브누아와 엄마 알리엣은 도저히 어떻게 해야 할지 몰라 주변 사람들에게 조언을 구해봤지만, 돌아온 답변은 너무 다양했고, 서로 반대되기도 했다.

"울게 내버려 둬, 결국엔 자기 침대에서 자겠지", "그만 안아 줘, 손 타는 안 좋은 습관이 생기게 된다고. 변덕 부리는 거야", "안아 줘", "엄마나 아빠랑 같이 재워 봐", "원래 잠을 안 자는 앤가 봐", "아기는 원래 다 울고, 잠을 잘 안 자. 기다리면 나아질 거야."

부부는 아이를 안아주거나, 아기 띠를 써보고, 부부 침대에서 같이 재워도 봤다. 울게 그냥 둬 보기까지 했지만, 아무 방법도 효과를 보지 못했다. 확신이 없었고, 죄책감도 많이 들며 부모로서 소질이 부족하다고 느꼈다. 잠이 부족하다 보니 부부 사이에도 갈등이 번번이 발생했다. 아직 어리긴 하지만 그래도 아들이 걱정되고 체력적으로 지친 부부는 내게 도움을 요청했다.

나는 개인적으로, 잘 자는 법을 배우는 데 적절한 나이는 없다고 생각한다. 나처럼 영유아를 돌보는 것을 업으로 삼는 사람들은 100일이 지나기 전까지는 아이가 엄마 품을 찾고, 밤에 자주 깨는 것이 당연하다고들 한다. 게다가 엄마와 아이의 애착 형성을 위해서도 그때까지는 엄마가 아이를 보살펴주는 것을 권고한다.

하지만, 세바스티앙처럼 정말로 잠들지 않으려고 심하게 버티는 것은 분명 특이한 상황으로 보인다. 아이는 지쳐서 엄마, 아빠 품에서도 많이 울고, 상황이 아주 복잡해 보인다.

가족이 지방에 살아서 어쩔 수 없이 전화로 상담을 진행했다. 첫 통화에서 엄마는 눈물을 보였고, 그녀가 체력이 한계에 이르렀다는 것을 느낄 수 있었다. 엄마로서는 도대체 왜 이런 상황이 벌어지는지 이해할 수 없었다.

세바스티앙의 이야기를 처음부터 짚어본다. 기다려온 첫아이이고, 임신 기간도 9개월 동안 감정적으로 특별히 힘겨웠던 시기 없이 무사히 지나 예정일에 맞춰 자연분만했다. 세바스티앙은 출산 병원에서는 잘 잤다. 집으로 와 첫 1주일 동안은 모든 것이 무사히 지나갔다. 부모들은 각자 새로운 역할을 수행하고, 자기 아들을 알아가는 시기였다. 그리고 얼마 안 있어 아이는 더 이상 잠을 자고 싶어 하지 않았고 점점 더 자지 않으려고 버텼다. 전에는 아이를 침대에 눕히는 것까지는 가능했는데, 이제는 그것마저 불가능해졌고 안아줘야만 아이가 잠든다. 더 이상 통제가 어려운 상황까지 온 것이다.

세바스티앙이 왜 그렇게까지 우는지 원인을 찾아내기 위해 나는 여러 질문을 던져본다. 그러다가 내가 혹시 영유아 돌연사 증후군을 두려워하느냐고 물었더니, 엄마, 아빠 둘 다 동시에 "네"라고 합창하듯 답했다. 2년 전에 같은 건물에 사는 이웃집 부부의 어린 아들이 돌연사했다는 것이다. 아기가 태어나자, 너무 걱정되어서 알람이 있는 호흡 감시 모니터와 감시 카메라가 달린 베이비폰까지 구매했다고 한다.

이 질문 덕분에 상황을 분명히 이해할 수 있었다. 세바스티앙이 잠들 때마다 부모가 불안해하는 것이 전해져서 잠들지 않으려고 버티는 것일 수 있다. 부모님을 안심시키기 위해 아이는 잠을 자고 싶지 않고, 동시에 자신도 무서워서 잠들 수도 없는 것이다. 그래서 잠들어서도 화를 내며 깨어나는 것이다.

나는 세바스티앙에게 엄마, 아빠가 왜 두려워하는지 이유를 설명해 줄 것을 제안했다.

"아가야, 많이 피곤한데도, 잠들지 않으려고 버티는 것 같구나. 네가 잘 때 엄마, 아빠가 두려워하는 것을 느껴서 걱정되는 모양이구나. 이 두려움은 엄마, 아빠의 것이지, 너와는 상관이 없단다. 네가 쉴 때, 네게 무슨 일이 생길 일은 없단다. 아주 안전하고, 평안하고 깊이 자도 괜찮아. 우리를 안심시키려 깨어 있을 필요가 없단다. 우린 너의 엄마, 아빠이고 도와줄 수 있으니, 우릴 믿어도 좋아."

디블이 기신들이 두려움은 인기하고 이름 해결할 것을 부모에게 권한다. 그런데도 계속 두려움을 느낀다면, 심리학자나 심리 치료사의 도움을 받는 것도 유용하다.

✦ 감시 카메라가 달린 베이비폰이나 알람이 달린 매트리스 등의
  장비를 없앤다. 이 모든 장치 때문에, 오히려 부모는 더욱 불
  안함을 느끼고 수시로 아이가 잘 자고, 움직이고, 숨 쉬고, 일
  어나는지 등등을 계속 확인하게 된다. 그러면 아이의 '잠' 자체
  가 큰 문제로 자리 잡게 되고, 그 외에는 생각을 못 하게 된다.

✦ 아이가 잘 때 아이의 잠 외에 다른 것을 생각할 수 있도록 마
  음을 통제한다. '비극을 조성'하거나, 부정적인 감정에 휩싸이
  지 않도록 한다. 다양한 활동(스도쿠, 캐스트 퍼즐, 체스, 카드놀
  이 등)을 통해 합리적 사고를 키우도록 노력한다면 부정적 감
  정에서 탈피할 수 있다.

형제를 깨울지도 모른다는 두려움

 19개월 엘리엇의 사례

아들 엘리엇이 밤마다 깨서 젖병을 찾는 문제로 엄마인 안느 소피
가 내게 연락해 왔다. 엘리엇은 안느 소피와 닐의 넷째이자 막내이
다. 그 위로 여덟 살, 여섯 살, 네 살 아이들이 있다. 세 아이들은 밤
마다 깨는 일이 없었기 때문에, 엄마는 도대체 엘리엇이 왜 깨는지
이해를 못 한다. 아빠 닐스는 일이 많고, 상담 당시 해외 출장 중이

어서 나오지 못했다. 안느 소피는 셋째 아이가 태어난 이후로 전업 주부가 되었는데 이 상황에 만족하고, 아이들을 돌보는 데서 큰 즐거움을 누리고 있다.

안느 소피는 엘리엇이 15일 이상 연이어서 통잠을 자본 적이 없다고 기억한다. 수면 의식은 잘 자리 잡았고 잠들 때는 젖병을 마시지 않는다. 아빠나 엄마가 짧은 이야기를 읽어주고 나서 깨어 있을 때 침대에 뉘어주면, 큰 어려움 없이 혼자 잠든다. 그러다 한밤중에 아이는 깨서 젖병을 주기 전까지 계속 소리를 지른다. 젖병을 주면 허겁지겁 마시고, 바로 잠이 든다.

안느 소피는 엘리엇이 반복적으로 깨는 것에 지쳤고, 젖병을 주지 않고 다시 재워보려고 시도해 봤지만, 아이가 너무 크게 울어 큰아이들을 깨우고 말았다. 아이들이 학교에 가서 좋은 하루를 보내려면 잘 자는 것이 중요하기 때문에, 엘리엇의 엄마 아빠는 매우 스트레스를 받고 있고, 걱정하고 있다.

가족은 낭트시 외곽 도시의 작은 아파트에서 살고 있고, 아이들이 두 명씩 한 침실을 쓰고 있다. 엄마는 큰아이들의 수면을 방해하지 않으려고 항상 빨리 엘리엇을 찾아가고, 이제는 이 문제를 어떻게 해결해야 할지 방법을 모르겠다.

대화를 해 나가면서, 그녀는 자신의 상황이 얼마나 빠져나오기 곤란한 상황인지를 인지하게 되었다. 엘리엇과 엄마는 인질로 사로잡힌 상황이다.

✦ 아이들이 학교에 가지 않는 방학 기간에 밤중 수유를 끊도록
  해본다.

✦ 부모가 시도할 방법에 대해 가족 모두에게 설명해 준다.

✦ 큰아이들에게 늘 하던 대로 깊고 편히 자면 된다고 알려준다.

✦ 밤중 수유가 제대로 잠을 자지 못하게 방해하므로, 밤중 수유
  를 끊기 위해 엄마, 아빠가 도움을 주기 시작할 거라고 미리 아
  이에게 설명해 준다.

✦ 아이에게 애착 인형을 만들어 준다!

✦ 책에 소개된 밤중에 자다 깼을 때 쓰는 방법을 실천한다.

산후/육아 우울증

 6개월 보두앙의 사례

보두앙의 엄마 스테파니와 아빠 시몽이 내게 연락해 왔다. 보두
앙은 밤중에 여러 번 깨고, 다시 잠들기까지 오랜 시간이 걸린다. 방
문 상담을 진행했다.

보두앙도 부모님과 함께 있었다. 아이는 미소도 잘 짓고 자신에 관
한 이야기를 주의 깊게 들었다.

임신이나 출산 과정에서 별다른 문제도 없었고 모든 것이 잘 진행

되었다. 아이는 어린이집에서와 집에서도 낮잠은 공갈 젖꼭지 필요 없이 혼자 잘 잔다. 배고파하는 것도 아니다. 부모님 방 바로 옆에 자리한 아기의 침실도 살펴본다. 예쁜 아기방이고, 침대 위치도 좋다.

나는 당황해서 부모에게 많은 질문을 던진다. 알고 보니 엄마는 밤마다 깨는 아들을 받아들이지 못하고, 아들이 깰 때마다 혼자 거실 소파에 가서 잔다고 한다. 아빠의 경우에는 아들이 깨는 것에 크게 개의치 않는 듯했고, 아들이 깨면 가서 안아주고, 다독여 주고, 자기 침대에 가서 눕혀 보기도 한다고 한다.

그래서 나는 아이가 엄마나 아빠가 걱정한다거나, 직장이나 가정에서 힘들고 불편한 시기를 지내고 있다고 느낄 수 있을지 물어봤다. 내 질문에 부부는 다소 놀랍다는 듯한 반응이다. 부부 사이도 좋고, 가정 내에 불화도 없기 때문이다. 엄마는 자기 일을 사랑하고, 적성이 잘 맞는다. 반면에 아빠는 자기 일이 싫다고 고백한다. 직장에서 매우 지루하다고 느끼고, 일하러 가기가 싫다고 말했다. 다른 일자리를 찾아보고는 있지만, 이직이 쉽지 않은 분야에서 일하고 있다. 그는 어서 집에 가서 아내와 아들을 만날 생각에 시간이 가기만을 바란다. 결국 다음과 같이 말했다.

"보두앙과 함께 있으면 모든 것을 잊을 수 있고, 이 세상에서 가장 행복한 사람이 돼요."

이 정보는 내게 많은 것을 알려준다. 아이는 무의식 중에 자신의 아빠가 사실은 그렇게 행복하지 않다는 것을 느끼고 있다고 생각된다. 아들과 함께 있을 때면, 아빠는 세상에서 가장 행복한 사람이 되기 때문에, 아이는 일어나서 아빠의 필요에 응해주려는 것일 수 있다. 아들의 불면증과, 밤중에 아이를 꼭 안아주는 시간이 아빠에게는 낮 동안 힘든 시간을 잊어버리도록 도와주는 셈이다. 나는 보두앙을 향해 상황에 관해 설명해 주기 시작한다.

"애야, 네 아빠가 방금 하신 말씀 들었니? 네 아빠가 지금 하시는 일이 지루해서, 얼마 전부터 불편하시다고 하시는구나. 아빠가 슬프신 건, 네 잘못이 아니야. 아빠가 행복한 순간은 바로 너와 함께 시간을 보내실 때란다. 내 생각에는 네가 그걸 어느 정도 느끼고, 아빠를 안아주고 싶어서 일어나는 것 같아. 하지만, 그 점에 난 동의할 수 없어. 왜냐하면 밤에는 잘 쉬는 게 아주 중요하거든. 네가 푹 자야 쑥쑥 클 수 있단다. 아빠하고 너하고 낮에는 서로 많이 안아주고 사랑해 줄 수 있지만, 밤에는 안 돼. 밤에는 쉬어야 해. 네 아빠가 도움이 필요하시고, 좀 더 잘 지내고 싶으시다면, 전문적으로 사람을 도와주는 다른 어른들에게 도움을 받으시면 된단다. 네 부모님의 역할은 네가 잘 크도록 도와주고 보호해 주시는 거야. 네가 부모님을 보호해야 할 의무는 없단다."

나의 조언

✦ 자신의 감정적 상태를 인지하고, 그게 아이 탓이 아니란 걸 아이에게 설명해 준다.
✦ 어려운 시기를 넘기기 위해 전문가에게 도움을 청한다.
✦ 심리적으로 좀 더 평안한 상태의 부모가 아이를 돌본다.

그로부터 15일 후, 보두앙이 통잠을 자기 시작했고 몇 년 전에 도움을 받았던 적이 있는 심리 치료사를 다시 찾아가 보기로 했다는 아빠의 문자를 받았다.

불쾌한 감정들

5개월 반 샤를롯의 사례

장 루와 로리에게는 샤를롯이라는 딸이 있다. 아이가 낮잠도 거의 자지 않고 안 자려고 버티는 바람에 피곤해서 내게 연락을 해왔다. 보름 전부터는 아이가 엄마에게 미소를 짓지 않고, 시선을 피해 버리기까지 한다. 그래서 아이의 이야기를 처음부터 짚어본다.

샤를롯은 부부의 첫아이다. 임신 사실을 알기 이미 몇 달 전에 직장에서 사직을 했고, 어떤 스트레스도 없이 임신 기간을 보냈다. 그녀는 집에서 평온하게 딸아이의 탄생을 준비했다. 출산에 대해서도 아주 좋은 기억이 있다.

출산 후 퇴원하자마자 샤를롯은 자기 방 침대에서 자기 시작했다. 왜냐하면 아이가 밤에 자면서 소리를 많이 냈는데, 그게 부모가 자는 데도 방해가 되었기 때문이다. 아기는 저녁 7시에 마지막 수유를 하고, 새벽 4시쯤 다시 깨서 우유를 찾았기에 통잠을 잔 것은 아니었지만, 그래도 첫 4개월 동안은 밤에 잘 자는 편이었다.

5개월이 되면서부터 수면량이 줄어들기 시작했다. 낮에 많이 울며, 낮잠을 거부했고, 며칠 전부터는 밤에도 두 번씩 깨서 분유를 찾기 시작했다. 소아과 의사는 아이 건강 상태가 완벽하다고 했지만, 부부는 무슨 상황인지 이해가 되지 않아 걱정이 컸다.

아이의 태도가 변하게 된 원인을 파악하기 위해 여러 질문을 던져봤다. 엄마가 보름 전부터 다시 일자리를 구하려고 하는 중이라 스트레스가 크다는 사실을 알았다. 이력서도 새로 업데이트하고 지원동기서도 여러 장 쓰고, 인맥을 키우기 위해 전화도 많이 돌려야 한다. 하지만 아이가 많은 관심을 요구하는 상황에서 이 모든 일을 하기란 쉽지 않다.

엄마의 감정 상태가 격해지자, 아빠 무릎에 앉아 있던 아이도 뜨거운 눈물을 뚝뚝 흘리며 울기 시작한다. 아빠와 엄마가 아이를 달래보려 하지만, 아이는 좀처럼 눈물을 그칠 줄 모른다.

샤를롯이 분명 엄마의 모든 불안감을 고스란히 느꼈을 거란 것이 나의 가정이다. 아이는 그런 불안감을 눈물로 표현하는 것이다. 따라서 엄마가 힘들다면, 아이에게 사실대로 엄마가 힘들지만, 그것은 아이 때문이 아니란 사실을 확실히 설명해 주는 것이 중요하다. 일자리를 찾고 있는 엄마의 스트레스일 뿐, 그게 아이와는 아무 관계가 없는 것이란 사실을 말이다.

부모에게는 이렇게 조언해 주었다. 딸에게 자신이 얼마나 원하고 기다려온 아기였는지, 얼마나 아이를 깊이 사랑하고 있는지 말해주고, 전혀 걱정할 일 없으니 편한 마음으로 자도 된다고 안심시켜 주라고 말이다. 아이가 눈물을 그치고, 엄마를 돌아보며 활짝 미소 지어준다. 이는 지난 며칠 만에 처음 있는 일이다.

 나의 조언

* 부모가 우울함을 겪는다면 이를 아이에게 설명해 주고, 원인이 아이 탓이 아니란 걸 알려준다.

* 엄마와 아이 모두 보다 나은 하루를 보낼 수 있도록 돌봄 서비스를 찾아본다.

* 저녁 7시에 저녁 수유를 한다면, 시간을 6시~6시 반 정도로 앞당겨, 어른들이 자러 가는 시간인 10시~10시 반 경에 마지막 수유를 할 수 있도록 한다. 덕분에 아이는 아침 6시~7시까지 잘 수 있고, 제대로 밤잠을 잘 수 있을 것이다.

* 밤 10시에 아이가 잔다면 일부러 깨우지 않는다. 아이를 차분히 품에 안아주며, "이제 곧 엄마도 가서 잘 건데, 그전에 우유 마시고 자자. 우리 아가는 계속 자렴"이라고 말해준다. 이 정도 개월의 어린아이들은 자면서도 품에 안겨 수유할 수 있다.

* 낮과 밤의 차이를 만들기 위해, 낮에는 빛이 들어오게 하고, 밤에는 암막을 한다. 저녁 7시부터 밤 10시 사이에는 아직 분유를 한 번 더 마셔야 하는 낮이란 걸 암시하는 차원에서 미등을 켜 놓는 것도 가능하다. 마지막 수유가 끝나면 불을 완전히 끈다.

제왕절개로 인한 트라우마

 13개월 칼의 사례

낮이고 밤이고 칼은 언제나 엄마 코랄린의 품에 안겨야만 잠이 든다. 엄마가 집에 있으면 아빠 악셀이 아이를 재우는 것은 불가능하고, 엄마가 집에 없을 땐 아빠와도 잘 자며 어린이집에서도 문제없이 잘 잔다. 여러 방법을 써도 효과가 없었고 제3자인 내게 상황을 어떻게 보는지 도움을 요청해 왔다.

우리는 칼의 이야기를 처음부터 짚어본다. 부부의 첫째인 디에고는 네 살이고, 한 번도 수면이 문제 된 적이 없었다. 부부는 둘째를 원했고, 임신 기간도 잘 지나갔다. 39주 차에 양수가 터지면서 응급실로 향했다. 오랜 진통 끝에, 칼의 심장 박동이 심각하게 느려지기 시작했다. 급히 제왕절개 수술을 진행해야 했다.

코랄린이 수술실로 들어갔는데, 무통 주사에 문제가 있어 급히 수면 마취를 진행했고, 그녀는 눈물로 목이 메어가며 이렇게 말했다.

"아들이 나오는 순간을 보지 못했어요. 태어나고 나서 2시간이나 지나서야 만났어요. 정말 내겐 너무나 큰 충격이었어요. 매일 같이 그때 생각이 나고, 마음의 정리를 못 하겠어요. 아직도 그 순간에 대한 악몽을 꾸고, 아무도 내 심정을 이해 못 하는 것 같아요."

아이와 엄마는 마치 한 몸이라도 된 것처럼 끈끈한 사이다. 아이는 엄마가 형을 돌보는 것을 견디지 못한다. 디에고에게도 엄마가 필요한 나이인데 동생 때문에 엄마의 사랑을 충분히 받기가 힘들다. 아빠는 이 모든 상황 앞에서 무기력하다고 느낀다. 그는 어떻게 아내를 도와줘야 할지 모르겠고, 둘째가 태어난 후로 아내가 매우 감정적으로 변했다는 점도 인정한다.

내가 봤을 땐, 엄마가 외상후 스트레스장애를 겪고 있고 어쩌면 산후 우울증 증상을 보일지도 모른다.

코랄린의 경우는 절대 예외적인 경우가 아니다. 조사 결과에 따르면 출산을 경험한 여성 3명 중 1명이 출산을 충격적인 사건으로 기억한다고 한다. 10명 중 1명은 실제로 외상후 스트레스 장애에 시달리며, 악몽과 반복적인 회상을 경험한다. 안타깝게도 이런 심리적 고통에 대한 치료 및 대처가 부족하고, 사회 전반적으로 인식도 낮다. 이는 엄마, 아빠, 아이 모두의 건강과 마음에 문제를 일으킬 수 있다. 따라서 코랄린이 심리 상담가 등 전문 기관에서 도움을 받기를 바란다.

상담받으면서 엄마 본인도 자신이 출산의 과정에서 겪은 충격에서 회복하려는 마음에서 유독 아이와 끈끈한 관계를 유지하는 것일 수도 있겠네고 느끼고도 인정한다.

따라서 부모가 아들에게 이야기를 들려줄 것을 권한다. 태어날 때 있었던 일들이 아이의 수면 문제와 분명 관계가 있을 것이다. 엄마는 아이에게, 자신이 전문가들의 도움을 받을 것이며, 또 우리의 관계가 좀 더 건전하고 차분한 관계로 자리 잡을 수 있도록 아이를 도와주겠다고 말해줘야 한다.

엄마, 아빠의 도움을 받으며 아이는 혼자 자기 방 침대에서 자는 법을 배우게 될 것이다. 아빠도 아들과 엄마가 '좋은' 관계를 유지하면서도 서로에게 너무 과하게 집착하는 관계는 서서히 벗어날 수 있도록 도와줘야 할 것이다.

 나의 조언

✦ 임신/출산과 관련된 감정적 취약함이 생기면 전문가들의 도움을 받는다.
✦ 아이에게 아이가 살아온 이야기를 들려준다.
✦ 다자녀 가정의 경우 아이들과 개별적으로 균형 있게 시간을 갖도록 한다.
✦ 어느 한 아이에게만 신경 쓰는 것은 최대한 빨리 그만둔다.
✦ 가르침을 통해 아이가 스스로 잠들 수 있도록 도와준다.
✦ 아이의 상처를 보듬어주면서도 단호한 모습을 보인다.

5

분리 불안증

분리 불안은 발달의 자연스러운 과정이다. 8~9개월쯤 나타나는데, 애착의 대상(대개 엄마)이 보이지 않거나 낯선 사람의 얼굴을 볼 때마다 아이가 우는 현상을 뜻한다. 이 시기에 아이는 엄마와 자신이 일치된 존재가 아니라 따로 떨어진 별개의 존재라는 사실을 인지하게 되는데, 그래서 엄마를 잃어버릴까 봐 두려워하는 것이다. 불안감 때문에 아이는 계속해서 애착 대상을 찾으며, 애착 대상이 자신이 부르면 바로 돌아오는지 확인하려 한다.

바로 이 시기에 혼자 잠들지 못하거나, 밤중에 깨는 아이들도 있다. 부모가 자신을 침대 위에 눕혀놓고 방을 나가려는 그 순간에 아이는 우는 것이다.

애착 대상을 잃을지 모른다는 두려움

18개월 도미티유의 사례

사만다와 장은 딸아이 도미티유 때문에 내게 연락해 왔다. 아이는 아침에 어린이집에 등원할 때와 매일 저녁, 혹은 낮잠 시간에 침대에 자신을 눕히면 많이 운다고 한다. 상황이 지속되어서 보름 전부터는 엄마가 딸아이 곁에서 잠들도록 도와준다고 한다. 그전까지는 단 한 번도 잠드는 데 문제가 없었기 때문에 더더욱 상황이 잘 이해가 가지 않는다.

내가 상담을 위해 가족의 집 안에 들어서자마자, 엄마 품에 안겨 있던 도미티유는 나를 보고 울기 시작했다. 내가 조언한 바에 따라, 엄마, 아빠는 이미 아이에게 내가 올 거라는 사실을 통보하였는데도 아이는 울었다. 나는 거리를 유지하며 나를 소개하고, 엄마 품에 안겨 있어도 괜찮고, 나는 단순히 아이가 편히 잘 수 있도록, 엄마 아빠와 이야기를 나누려 왔을 뿐이라고 설명해 준다. 아이는 빨리 진정한다.

도미티유의 이야기를 처음부터 짚어본다. 기다려온 아이였고, 아이가 딸이란 걸 알았을 때 부부 모두 기뻐했다. 엄마는 특별한 문제 없이 매우 건강했고 임신과 출산 과정에 대해서도 둘 다 좋은 기억이 있다.

언제나 잘 먹고 잘 자는 이상적인 아기였다고 한다. 딸아이는 미소를 잘 짓고, 호기심이 많으며, 자신이 원하는 걸 얻어내지 못하면 불평할 정도로 심각한 장난꾸러기라고 한다.

질문을 해본 결과 가족에게 특별한 문제나 큰일도 없었다는 점을 알 수 있었다. 소아과의사도 아이의 건강 상태가 완벽하다고 진단한 상황이다. 따라서 지금 아이가 분리 불안시기를 겪고 있어서 그렇게 우는 것이라고 짐작할 수 있다.

그래서 나는 도미티유에게 이렇게 말해 준다.

"애야, 요즘 네가 엄마, 아빠가 눈에 보이지 않으면 네가 많이 힘들어하는 것 같구나. 안심하렴. 엄마, 아빠는 네 눈에 보이지 않는다고 해서 네 곁에 안 계신 것이 아니란다. 네가 침대에 누워있는 동안 네 엄마, 아빠도 집 안에 계시단다. 거실, 욕실, 부엌 어딘가에 말이야. 아빠, 엄마는 너를 아침에 어린이집에 데려다주시고, 출근하셨다가, 저녁에 다시 데리러 오신단다. 네가 지금 겪는 이 시기는 아주 당연한 거야. 네 엄마, 아빠도 어렸을 때 똑같은 시기를 겪으셨거든. 그러니 너도 이 시기를 잘 이겨낼 수 있을 거야. 네 애착 인형과 함께, 아주 안전한 네 침대에서 편안히 잠을 자도 괜찮단다. 네가 필요하다면, 엄마, 아빠는 언제든지, 얼마든지 너를 보러 오실 거란다. 네가 애착 인형과 함께 침대에서 잠드는 것을 다시 배우는 것은 매우 중요해."

나의 조언

✦ 까꿍 놀이를 해본다. 아이가 놀이의 순서를 잘 이해할 수 있도

록, 단계별로 천천히 진행한다. 예를 들어 손으로 반짝반짝을 해 보이다가 손을 등 뒤로 감춘다. 손 뒤로 얼굴을 감춘다. 그리고 "까꿍!"하며 얼굴을 보여준다. 높은 의자에 리본으로 장난감을 매단다. 아이가 장난감을 떨어뜨리면, 리본을 잡아당겨서 장난감을 되찾을 수 있다는 걸 보여준다. 스카프를 아이 위에 부드럽게 쓸어주다가, 얼굴 위로도 가져가 보고, 아이의 얼굴을 가려봤다가 스카프를 떼며 "까꿍"이라고 한다. 커튼 뒤에 숨거나, 방에서 나갔다가 돌아오며 까꿍 한다.

✦ 부모가 방을 떠나면서도 계속 아이에게 말을 건다.

✦ 부모가 떠날 때는 항상 아이에게 미리 알려준다. 아이가 잘 때도 마찬가지다.

✦ 아이가 울더라도, 절대 인사를 빼먹고 아이를 맡겨두고 나가지 않는다. 엄마, 아빠가 곁에 없다는 것을 깨달았을 때, 아이는 자신이 버림받았다고 느낄 수 있다.

✦ 필요한 경우 책에 나온 수면 교육법을 한다.

6

유기 불안증

버려진다는 느낌은 불만이나 우울증의 가장 흔한 원인 중 하나다. 이 고통은 태아 상태, 혹은 영유아 시기 겪은 좋지 않은 경험에서 비롯된다. 실질적으로 버려지는 것을 의미하는 것이 아니다. 출장이 잦은 아버지일 수도 있고, 일이 너무 많은 어머니일 수도 있고, 너무 이른 나이에 아이를 제3자에게 맡긴 부모일 수도 있고, 어린 동생의 탄생이나, 아이나 어머니의 입원, 기숙사 생활 등 경험의 형태는 다양하다. 이런 사건들을 별다른 문제없이 잘 겪어내는 사람이 있는가 하면, 어떤 사람들은 큰 스트레스를 받으며 후유증에 시달리기도 한다.

태어나자마자 헤어짐

 12개월 이조르의 사례

쥘과 마오가 내게 연락해 왔을 때, 그들은 이미 진이 빠진 상태였다. 첫아이인 딸 이조르가 밤마다 두세 번씩 깨서 우느라, 지난 1년 동안 부부는 제대로 잠을 못 잤다. 온갖 방법을 시도해 봤지만, 어느 것 하나 딱히 효과가 있는 것이 없었다

그리고 내가 상담하는 많은 부모와 마찬가지로, 딸아이가 제대로 잠을 못 자는 것에 큰 죄책감을 느끼고 있었고, 혼자서도 자기 침대에서 잘 잠드는 아이이기 때문에 더더욱 상황을 이해할 수 없다. 도대체 자신들이 무엇을 '잘못'한 것인지 알고 싶어 했다.

이조르의 이야기를 처음부터 짚어보며, 아이가 왜 밤에 여러 번 깨는 것인지 알아보려고 한다. 임신 중에는 사소하고 흔한 불편함을 제외하면 큰 문제가 없었고 아이는 무사히 출산했다.

하지만, 산후 2시간 만에 아기가 큰 호흡 곤란을 겪어 급히 옆 병원으로 이송되었다. 그 사이 딸아이의 건강 상태가 어떤지에 관해 거의 정보를 듣지 못한 부부는 큰 충격을 받았고 순간 아이를 잃는 줄 알았다. 다행히 아빠가 곁에서 간호해 준 덕분에 아이는 금방 집으로 돌아올 수 있었다. 그로부터 1년이 흘렀지만, 그때를 회상하는 엄마의 목소리는 여전히 떨린다.

이조르가 다른 병원으로 이송되는 과정에서 버려졌다는 느낌을 받았고, 그래서 밤마다 깨서 부모가 옆에 있는지 확인하려는 것일 수도 있다는 것이 나의 가정이다. 상담 중에 아이도 참여했는데, 아주 주의 깊게 우리의 대화를 듣는다. 나는 아이를 향해 돌아서 말을 건다.

"네 아빠, 엄마가 하는 말 들었니? 너는 엄마, 아빠가 너무나 기다려왔던 아이란다. 네가 엄마 배 속에 있을 때도 아무 일 없이 잘 지나갔고, 아주 무사히 태어났어. 네 아빠와 엄마가 너를 만나 기뻐하고 있을 때, 무슨 이유에선지 네가 갑자기 숨을 제대로 쉴 수가 없었데. 의사 선생님들이 너를 제대로 돌봐주려고 다른 병원으로 데려갔단다. 엄마, 아빠는 네가 고생해서 슬펐고, 너는 부모님과 잠시 떨어져야 했지. 이 모든 과정이 네게 쉽지 않았을 것 같구나. 어쩌면 네가 죽을지도 모른다고 생각했을지도 몰라. 어린 네게 가혹한 일이었지만, 네가 살려면 꼭 겪어야 하는 일이었단다. 엄마, 아빠가 너를 되찾은 이후에는 네가 항상 편안할 수 있도록 보살펴 주신단다. 너는 이제 편히 자도 괜찮아. 잠을 자더라도 안전하단다. 네 부모님께서 너를 지켜주실 거야. 아무 일도 일어나지 않는단다."

 나의 조언

+ 아이가 밤에도 혼자 다시 잠들 수 있도록 친구인 애착 인형을 만들어 준다.
+ 아이에게 아이가 겪은 일에 대해 말해준다.

- ✦ 아이가 충분히 사랑받을 자격이 있음을 말해줘서 안심시켜 준다. 입원과 의학적 치료는 아이의 생명을 위해 필요했던 것일 뿐, 아이가 사랑받을 자격이 없어서가 아니라고 말해준다.
- ✦ 밤에 아이를 안아 주는 것은 피한다.
- ✦ 아주 짧게 10초 정도 아이 방을 들여다본다. 아이가 어른을 믿고 잠들 수 있다는 것을 보여준다.
- ✦ 아이의 감정 상태를 받아들인다.
- ✦ 필요한 경우 밤에 깨는 아이를 위한 방법을 실천한다.

부모의 경험을 아이에게 투영한 경우

 6개월 소안의 사례

소안의 아빠 고티에와 엄마 파티마는 아이가 낮잠을 많이 못 자고, 밤중에도 어른의 도움을 받아 잠들고, 잠들었다가도 깨서 우유를 찾는다고 연락해 왔다.

주변 사람들의 조언에 따라 이미 많은 방법을 시도해 봤지만 아무것도 효과를 보지 못했다. 소안은 부부의 첫아이이고, 그들은 계속 피곤해하는 아들이 걱정된다.

이야기를 처음부터 짚어본다. 임신 시기도 무사히 지나갔고, 무사히 출산했다. 예정일보다 3주나 일찍 태어났지만, 몸무게가 3.5킬로그램으로 특별한 문제도 없었다. 엄마는 모유 수유를 했고 아이가 4~5개월경에 복직했다.

낮에는 30년 넘는 경력의 베이비시터가 아이를 봐주는데 베이비시터 집에서는 아이가 깨 있을 때 침대에 눕혀 주면 인형을 붙잡고 혼자 잠든다. 엄마와 아빠는 이 상황을 이해할 수 없다. 나는 그들에게 소안은 베이비시터의 아들이 아니기 때문에, 부모보다 좀 더 거리를 둘 수 있고, 감정적으로도 차분할 것이라고 설명해 준다. 가족이 아니라 제3자가 아이를 재우기가 더 쉬운 경우가 많다.

상담을 통해 나는 아이가 엄마나 아빠 품에 안겨야만 잠이 든다는 사실을 알게 되었다. 모유 수유를 할 때 아이는 수유하면서 잠들었다. 부모도 아들이 잠들지 않으려고 버티는 것 같고 아이가 매우 불안해 보인다고 한다. 단 한 번도 울게 내버려 둔 적이 없기 때문에, 더더욱 왜 아이가 불안해하는지 이해를 못 한다.

베이비시터가 아이를 봐줄 때가 아니면, 부부는 거의 하루 종일 아이를 재우려고 애쓴다. 아이는 오랜 사투 끝에 겨우 잠이 들었다 싶다가도, 겨우 20, 30분 정도 자고 다시 울면서 깬다고 한다. 일어나면 새벽 0시경에 본 아이를 먹이고 그 이외 경우에는 아이가 다시 잠들 때까지 부모가 안아 흔들어준다. 부부는 직장에서 너무 피곤하지 않기 위해 이틀에 한 번씩 번갈아 가며 밤마다 아이를 돌본다.

두 사람은 상담을 통해 소안이 왜 잠에 들지 않으려고 버티는지, 왜 그토록 아이가 불안해하는지 알고 싶고 아이가 혼자 잠들며 통잠을 자기를 원한다.

또 엄마는 아들이 유기 불안을 겪을까 봐 걱정돼서 아이가 울면 곧바로 안아준다고도 했다. 바로 그래서 아이 스스로 진정하고 혼자 잠들 기회를 빼앗아 버리는 것이다.

나는 엄마에게 어디서 그런 걱정이 오는 건지 물었다. 그녀는 어렸을 때 간호 보조사로 일하느라 야간 근무를 했던 엄마의 부재로 힘들어했다고 고백한다. 그녀는 밤마다 엄마가 자길 버릴까 봐 두려워하며 깨곤 했고, 그때의 두려움을 그녀는 현재 자신의 아들에게 반영하고 있다. 나는 그녀에게 소안은 소안이고, 절대 파티마가 될 수 없다고 말해준다. 따라서 이야기는 절대로 반복될 수 없는 것이다. 내 말에 그녀는 안심한 듯 보인다. 만약 그녀의 유기 불안이 아주 크게 느껴져 삶에 방해가 되거나 고통을 준다면 심리 치료를 받아볼 것을 권했다.

엄마는 아이가 정말 본인을 필요로 할 때만 관여할 수 있도록 많은 노력을 해야 할 것이다. 그리고 아이가 울 때마다 엄마가 경험하는 불안감을 똑같이 느끼고 있을 가능성이 크기 때문에 아이에게 설명을 해줘야 할 것이다.

그러면 아이는 해방되었다고 느끼고, 안정감을 느끼게 될 것이다. 그래야 자신이 필요할 때 찾아와 주는 다정하고 위안이 되는 부모 덕분에 침대에서 혼자 잘 잠드는 법을 배우게 될 것이다.

나의 조언

✦ 자신의 경험과 아이에 대해 스스로 비슷하게 그린 이미지 사이에 거리를 둔다.

✦ 아이가 부모의 그림자에서 벗어날 수 있도록, 아이에게 상황에 관해 설명해 준다.

✦ 아이가 두려움, 슬픔, 분노 같은 불편한 감정들을 표현할 경우, 정말 필요한 경우에만 개입한다.

✦ 아이를 진정시키기 위해서가 아니라, 안심시키기 위해 짧게 아이를 찾아간다.

✦ 아이의 무의식은 어른의 메시지와 따스한 의도를 파악한다.

✦ 아이를 독립적으로 만든다.

✦ 아이를 침대에 눕히면 빨리 곁을 떠난다. 이별의 순간이 길수록, 이별하기가 더욱 힘든 법이다.

✦ "걱정하지 마", "무서워 마", "자는 건 위험하지 않아" 같은 말은 하지 않는다. 오히려 그런 말이 자는 것이 위험하다고 믿게 만든다.

임신 중에 겪은 문제들

엄마가 행복하고, 평온하고, 건강하면, 배 속의 아이도 건강한 상태로 임신 기간이 지나가는 경우도 많지만, 때로는 그전에 겪은 트라우마로 임신 기간이 심각하게 흔들리는 경우도 있다.

유산의 두려움

 7개월 얀의 사례

비르지니와 앙리는 첫아이인 아들 얀이 많이 울고 낮잠을 잘 못 잔다고 내게 연락해 왔다. 밤잠은 괜찮은 편이지만 일관적이지는 않다. 병원 검사에서 건강 상태는 완벽한데 반복적인 울음을 설명할 이유를 찾지 못했다. 두 사람은 왜 아이가 쉽게 잠들지 못하고, 안정을 취하는 데 어려움을 겪는지 이해를 못 한다.

아이의 이야기를 처음부터 되짚어 본다. 아이를 원했지만 2년 동안 세 번이나 유산을 겪었고, 개월 수가 상당히 진행된 상태에서 유산을 겪었기 때문에, 얀을 임신했을 때도 아주 불안했다고 한다. 이번 임신도 가망이 없다고 보았고, 무사히 출산하지 못한다면 너무나 많은 고통을 받을까 봐 배 속의 아가에게 정을 붙이기 어려웠다. 다시 겪을지 모를 슬픔으로부터 자신을 보호하는 방법이었다. 부부의 출산을 향한 간절함은 초조함과 큰 불안감으로 퍼졌다. 그들은 아이방도 준비하지 않았고, 아기 물품도 최소한의 것만 마련했다.

두 사람의 이야기를 듣는 동안에도 엄마의 마음속 동요가 매우 크다는 걸 느낄 수 있다. 그녀는 앞선 세 차례의 유산은 말 그대로 진정한 트라우마였다고 털어놓는다. 이 모든 불안감에 대해서 표현할 수 있도록 임신 중에 심리적으로 도움을 받지 못했다는 점이 안타깝다. 분명 그렇게 하는 편이 도움이 되었을 것이다.

이 모든 불안감을 임신 기간 내내 아이는 고스란히 느꼈을 것이다. 첫 상상담이었으므로, 나 대시 부모가 아이의 모든 이야기와 그들이 겪었던 힘들었던 과정들에 대해서 아이에게 설명해 주라고 권한다.

나의 조언

✦ 아이에게 자신의 이야기를 들려준다.

- 아이가 배 속에서 겪었을 불안감에 관해 설명해 주고, 그 불안감이 아이 탓이 아니었음을 말해준다.
- 엄마는 유산 경험에 대한 트라우마가 여전히 크기 때문에, 심리 상담이나 심리 치료를 받아서 그녀의 경험과 감정을 말로 풀어볼 것을 권한다.
- 아이의 출산을 행복과 기쁨으로 기다려주지 못해서 미안하다고 사과한다.
- 어른의 아이를 향한 온전한 사랑에 대해 안심시켜 준다.
- 필요한 경우 수면 교육 방법을 실천한다.

태아의 건강 상태에 대한 걱정

 4개월 에르민의 사례

마리와 앙투완은 약 열흘 전부터 딸 에르민이 낮이면 칭얼거리고, 밤에는 잠들지 않으려 버티고, 여러 차례 깰 뿐만 아니라 변비도 심하다며 내게 연락해 왔다.

딸아이는 약 2개월부터 밤 9시 30분부터 새벽 6시까지 깨지 않고 잘 잤다고 한다. 변화의 원인을 찾기 위해 소아과 의사 2명과 물리치료사 등을 찾아봤지만, 건강 상태는 완벽했고 다른 이유를 찾아내지 못했다. 엄마도 본능적으로 딸이 아픈 것이 아니고 다른 문제가 있음을 짐작하고 있다.

에르민의 가정에 상담 차 방문했는데, 언니인 네 살 아망딘도 있었다.

아이는 평소엔 미소도 잘 짓고 활발한 아기였는데, 이제는 아기 체육관에 내려놔도 뒤집기도 하지 않을 만큼 완전히 딴판이 되었다고 한다. 부모가 말하는 동안 아기는 엄마의 품에 안겨 있는데 표정은 딱딱하게 굳어있고, 눈썹을 찌푸리며, 매우 불안해 보인다.

이야기를 처음부터 짚어본다. 매우 기다렸던 둘째고 임신 초기는 아주 좋았다. 하지만 임신 3개월 반쯤 지나 산부인과로부터 전화를 받았다. 혈청으로 기형아검사를 해본 결과 수치가 좋지 않아 다운증후군이 의심된다고 했다.

이미 두 차례의 유산을 경험했기 때문에 그녀는 충격과 함께 완전히 무너져버리고 말았다.

산부인과 의사는 아기집 안의 양수를 추출해 태아의 상태를 검사하는 양수 천자를 해보자고 제안했다. 이 검사는 유산을 유발할 수 있었는데, 검사 여부와 상관없이 위험 요소가 있는 상황이었고, 결정을 내려야 했다. 부부는 혼란에 빠졌고 매우 쉽지 않은 선택이었다.

결국에는 초음파 검사와 새로운 피검사를 해봤는데, 두 검사 모두 다운증후군이 아닐 가능성이 높다고 나와 양수 천자 검사를 하지 않기로 했다.

임신 과정에서 두 사람이 겪은 감정의 쓰나미를 내게 설명해 주는 동안, 에르민은 많이 울었다. 나는 아이를 바라보며 다음과 같이

170

말한다.

"얘야, 이 모든 이야기를 듣는 것이 네게는 쉬운 일이 아닐 거야. 어쩌면 엄마 배 속에 있을 때 겪었던 이 순간들이 다시금 떠오른 모양이구나. 네가 엄마 배 속에 있을 때, 피검사 결과가 좋지 않아서, 네게 장애가 있을까 봐 모두 많이 걱정하셨단다. 그래서 네가 엄마 배 속에 있는 동안 많은 스트레스와 불안감을 느꼈던 거란다. 네 부모님은, 언니 아망딘이 태어나고 나서, 네가 태어나기 전까지 두 번이나 아기 씨앗을 잃었단다. 같은 일이 너한테도 일어날까 봐 굉장히 두려우셨던 거야. 하지만 이 모든 시기는 이제 다 지난 일이란다. 지금 너는 아주 건강한 아이이고, 네 부모님의 가장 큰 기쁨이란다. 네 엄마, 아빠는 네가 미소도 잘 짓고, 활발하고, 명민한 아이라고 하시는구나. 엄마, 아빠가 네가 태어나기를 얼마나 기다려왔고 고대해 오셨는지 기억하렴."

에르민은 내 눈을 바라보며 내 말을 주의 깊게 들었다. 자신에 대해 내가 설명해 주는 것을 듣는 동안 아이는 조금씩 인상을 풀었고, 딱딱하게 굳어있던 얼굴도 풀렸다. 아이의 눈에 띄는 변화의 순간은 아이의 엄마, 아빠는 물론 내게도 감동적인 순간이었다.

아이는 내 말을 듣고 안심했는지 이후 30분 만에 두 번이나 배변을 보았다. 막혀있던 것이 풀린 것이다. 에르민은 아주 빨리 미소와 활기, 잠을 되찾았다.

아기는 태아 상태에서 경험한 감정을 태어나고 나서부터 생후 9개월 사이에 다시 경험할 수 있다. 에르민의 경우, 임신 3개월 반경에 기형아검사로 인한 엄마의 스트레스를 겪었다. 그리고 바로 생후 3개월 반경에 아이의 행동에 변화가 생겼다. 아마도 배 속에서 겪은 불안감을 다시 겪은 것일 수 있다.

임신 상태에서 큰 스트레스나 분노, 두려움, 슬픔 같은 강한 감정을 느꼈다면, 배 속의 아이에게 설명을 해줘서 안심시켜줘야 한다. 예를 들어, 이렇게 말해 준다. "아가야, 어쩌면 요즘 엄마가 매우 슬프다고 느끼고 있을지도 모르겠구나. 안심하렴. 너 때문에 엄마가 슬픈 게 아니란다. 나는 아주 친한 친구가 세상을 떠나서 슬픈 거야. 엄마는 너를 사랑하고, 몇 달 후에 너를 만날 생각에 설렌단다" 혹은 "요즘 들어 엄마가 많이 스트레스받았다고 느낄 수도 있어. 안심하렴. 그건 네 잘못이 아니야. 다음 주에 회사에서 아주 큰 프로젝트를 성사해야 해서 요즘 걱정이 많단다. 엄마는 너를 아주 많이 사랑해."

아이가 많이 울거나 칭얼거리거나 낮이나 밤잠이 주는 등 행동에 변화가 생기고, 아이의 건강 상태가 좋다면, 아이가 배 속에 있을 때 어땠는지 생각해 보는 것이 중요하다. 아이가 6개월쯤 되어서 문제가 생긴다면, 임신 6개월 차에 좋지 않은 사건이 있지 않았는지 생각해봐야 한다. 그리고 나서 아이에게 지금 아이가 어떤 감정 상태를 겪을 수 있는지 설명해 준다.

조산의 위험

7개월 반 마들렌의 사례

크리스티나와 브리스는 딸아이 마들렌이 요즘 들어 힘들어하는 것 같아서 내게 연락해 왔다. 아이는 자주 안아달라고 하고, 흔들 의자 형태의 바운서나 아기 체육관에 올려놓기만 하면 울고, 피곤해 보여도 잠을 거부한다. 생후 4개월 이후로 통잠을 자던 아기였는데, 이제는 안아 줘야 품에서 잠들고 밤에도 자주 깬다. 소아과 의사와 두 번이나 상담을 해봤지만, 딸아이가 왜 우는지 이유를 찾아내지 못했다.

전화로 상담을 진행하며 우리는 마들렌의 이야기를 처음부터 되짚어 본다. 마들렌은 두 오빠가 있는데, 여섯 살 마르소와 세 살 마티스다.

임신 후 별문제가 없다가, 6개월 반부터 여러 차례 진통이 있어 보름 동안 입원하게 되었다. 퇴원하고 나서도 조산 위험을 줄이기 위해 침대에 누워있어야 했다. 둘째 마티스가 임신 7개월 만에 조산으로 태어나, 폐에 합병증이 생겼기 때문에 같은 일이 반복될까 봐 그녀와 남편 모두 불안했고 걱정되었다. 결국에는 예정일보다 4일이 지나, 유도 분만으로 아기가 무사히 태어났다.

아이가 낮잠을 못자고, 잘 울고, 밤에도 자주 깨기 시작한 것이 약 3주 전부터라고 한다. 부부는 완전히 지쳐버렸고, 어떻게 해야 할지,

왜 이런 일이 일어난 건지 도저히 알 수 없다. 주변 사람들은 아이가 울도록 내버려 두라고 하지만, 그건 옛날 방식이라 여기며 거부한다.

엄마가 임신 6개월 반 경에 겪은 커다란 감정의 동요를 아이도 느꼈으리라 추측해 볼 수 있다. 그녀는 조산하거나 딸을 잃을까 봐 고통스러운 두려움에 시달렸고, 그 이유로 마들렌이 요즘 하루 종일 엄마 품을 찾는 것일 수 있다. 태아로 산 지 6개월 반 경에 그랬던 것처럼, 태어난 후 똑같은 시기에 엄마에게 매달리는 것이다. 잠이 들면 엄마와 헤어져야 하므로, 아이의 수면이 불안정한 것이다.

부모가 이전의 이야기를 들려줌으로써, 지금 아이가 재경험하고 있는 감정이 어디서 오는 것인지 설명해 주는 것이 필요해 보인다. 마들렌이 들어야 할 메시지는 대략 다음과 같다.

"얼마 전부터 네가 별로 잘 못 지내는 것 같구나. 엄마랑 아빠가 보기에 네가 매우 슬프고 긴장한 것처럼 보여. 어쩌면 네가 엄마 배 속에서 경험했던 것을 다시 경험하는 것일 수도 있단다. 네가 엄마 배 속에 있을 때, 의사 선생님들이 네가 예정보다 일찍 태어날 위험이 있다고 하셨고, 그래서 엄마와 아빠는 네 걱정을 정말 많이 했단다. 하지만 이제는 다 끝난 일이란다. 너는 엄마 배에서 나왔고 아주 건강히 잘 자라고 있어. 너처럼 멋지고 훌륭한 딸아이가 있어서 우리는 너무나 기쁘단다. 이제 다 끝났으니까 편안하게 잘 수 있어. 우리는 너를 아주 많이 사랑하고 언제나 네 곁에 있을 거란다."

⏰ 전형적인 저녁 일과

6시 30분 : 엄마가 아이를 목욕시킨다. 이후 식사 준비하고, 큰 아이들인 마르소와 마티스를 돌보는 동안 마들렌을 아기 띠에 앉고 다닌다.

7시 30분 : 아빠가 집에 도착하면 엄마가 아이의 방에 들어가 고요한 곳에서 수유한다.

8시 : 아이를 달래다가 잠들면 침대에 뉘인다.

자정과 새벽 4시 : 아이가 깨서, 안아줘야만 다시 잠든다. 잠드는 걸 도와주려고 수유할 때도 있다.

 나의 조언

✦ 낮, 저녁, 밤에 아이의 감정 상태에 대해서 말로 설명하며 이끌어준다. 이를테면, 낮에는 이런 식이다. "마들렌, 우리는 서로를 꼭 안아 줬지? 이제는 너를 아기 체육관에 내려 놓아줄게. 네가 화난 건 이해해. 네 생각은 엄마 생각과 다를 수 있어. 하지만 네가 놀고, 뒤집고, 기는 것을 배우는 건 너의 발달에 아주 중요하단다."

✦ 잠들 때 아이를 침대에 뉘이는 과정도, 아이가 자주 바닥에 누워서 놀면 쉬워진다. 10분씩 바닥에 뉘어서 놀도록 한다.

✦ 아이의 정신 운동 발달을 위해 아이가 앉은 채로 묶여 있는 하이체어나 바운서보다는 그냥 바닥에 내려놓는 편이 좋다.

- ✦ 저녁에는 아이 방 밖에서 하루의 마지막 수유를 한다.
- ✦ 침대에 누운 상태로 이야기를 들려주거나 노래를 불러주지 않는다.
- ✦ 아이가 깨어 있을 때 침대에 뉘인다.
- ✦ 방에서 빨리 나온다. 아이가 감정적으로 반응할 경우, 혼자 잠드는 것을 도와주는 방법을 실시한다.
- ✦ 밤중에 아이가 잠을 설치더라도 아이 방에 들어가지 않는다. 그럼 완전히 잠을 깨우게 된다.
- ✦ 아이가 정말로 울기 시작할 경우에만 10초씩 방에 들어간다. 필요한 경우 한밤중에 깬 아이를 도와주는 방법을 실시한다.
- ✦ 밤에 수유하면 밤중에 깨는 습관이 들 수 있으니 피하도록 한다.

임신 중에 애도를 겪은 경우

 4개월 반 마리의 사례

글네므기 띨ㅣ이 미끼기 낫에 기주 올고 ᄉ레 잔든기 못해서 내게 연락해 왔다. 마리에게는 다섯 살인 오빠와 두 살인 언니가 있는데, 언니, 오빠는 수면 문제를 겪어본 적이 없다. 아빠는 창업으로 일이 많아서 방문 상담 때는 엄마 혼자였다.

내가 도착했을 땐, 아이가 자기 방 침대에서 곤히 자고 있었다. 흔치 않은 일이라서 엄마는 놀란 듯 보인다. 반면에 나는 자주 겪는 일이라서 놀랍지 않다. 도움을 받기로 결심해 전문가와 상담 약속을 잡는 것만으로도 엄마의 마음에서는 긴장감이 완화된다. 덕분에 아이는 편하게 잘 수 있는 것이다.

우리는 마리의 이야기를 처음부터 짚어본다. 의학적으로는 임신 기간에 문제가 없었고, 흔히 임산부가 겪는 불편함 외에는 별일이 없었다. 임신 전이나 임신 중에 혹시 감정적으로 불편한 사건이 있었는지 내가 묻자, 클레르는 바로 눈물을 떨어뜨리며 울기 시작했다.

임신하기 몇 달 전에 그녀의 아버지가 갑작스럽게 돌아가셨고, 임신 1개월 차에 아주 가까웠던 삼촌까지 잃었다. 두 사람을 잃은 충격에서 그녀는 완전히 회복되지 못했고 여전히 많이 운다고 한다. 게다가, 안정적인 마음으로 아이들을 돌보지 못하고, 매번 슬픔에 잠기는 것 때문에 죄책감에 시달리고 있다.

클레르의 이야기는 고통스럽다. 그녀는 아버지와 삼촌을 잃었다는 큰 고통과 다시 한번 새로운 생명을 출산하게 된다는 기쁨 사이에서 방황했다. 가뜩이나 연약하고 취약한 상황인 임신 중에 애도를 겪는 것은 쉽지 않은 일이었을 것이다.

아이는 분명 엄마의 배 속에서 엄마가 자주 겪었을 슬픔과 고통을 느꼈을 것이다. 엄마는 딸에게 자신이 겪은 일과 현재 느끼는 감정 등에 대해 말해줘서 아이를 안심시켜 줄 필요가 있다. 그렇지 않으면 아이는 엄마가 자기 때문에 슬프다고 생각할 수 있고 이는 아이를 불안하게 만들어 애착 형성이 어려워질 수 있다.

마침 클레르가 임신 기간 중에 일어났던 일들에 대해 내게 설명해 주고 있을 때, 아이가 낮잠에서 깬다. 그녀는 딸을 찾으러 가기 전에 혹시 내가 아이에게 이야기를 먼저 해줄 수 있는지 묻는다. 일단 내가 설명해주고 나서, 나중에 필요한 경우 자신이 아이에게 다시 한 번 설명해 주는 편이 좋겠다며 말이다. 마리가 엄마 품에 안겨 거실에 나왔을 때, 나는 내 소개를 한다.

"나는 오드야. 나는 잠을 잘 자지 못하는 아기들을 돕는 일을 하고 있단다. 네가 제대로 못 쉬는 것 같아서, 네 엄마가 내게 너를 만나봐 달라고 부탁하셨단다. 네가 자는 동안 엄마가 네 이야기를 들려주셨어. 아빠와 엄마는 네가 태어나기를 바라셨다고 하는구나. 하지만 엄마는 이 시기에 많은 슬픔을 겪으셨어. 가까웠던 사람들을 떠나보내야 했지. 엄마 배 속에서 너는 큰 슬픔을 느꼈을 거야. 하지만 그 슬픔은 네 탓이 아니란 걸 잘 알아두렴. 엄마와 아빠는 너를 아주 사랑하셔. 엄마도 너를 좀 더 좋은 상황에서 맞이하셨으면 하실 거야. 요즘 네게 사랑한다고 말씀을 잘 못하시더라도, 엄마는 너를 아주 많이 사랑하신단다."

마리는 니들 바라보고 주의 깊게 듣다가 옆에서 내 말에 동의하고 있는 엄마를 바라보기도 했다. 마리는 엄마를 보며 큰 미소를 짓는다.

상담 후 일주일이 지나, 딸이 완전히 딴 아이처럼 바뀌었다는 클레르의 메일을 받았다.

나의 조언

✦ 임신 중에 감정적으로 힘든 일을 겪었다면 배 속에 있는 아기
  에게 엄마의 마음을 설명해 줘서 안심시켜 준다.

✦ 아이가 죄책감을 느끼지 않도록 엄마의 감정을 설명해 준다.

✦ 아이를 잘 돌보려면 엄마 스스로를 먼저 돌본다.

✦ 필요한 경우 전문가들의 도움을 받는다.

안전하지 않다는 느낌

아이의 올바른 발달을 위해서는 아이가 안전하다고 느끼는 환경에서 자라는 것이 중요하다. 부모님이 물리적으로는 물론, 심정적으로도 아이의 곁에 있으면서 아이에게 안정적이고 든든한 성장 환경을 조성하는 것이 필수적이다. 모든 것이 완벽할 필요는 없지만, 조건이 충분히 갖춰져 있는 것은 필요하다.

이 장에서 소개하는 사례에서는 이사나 베이비시터의 교체, 부모의 불안증 등으로 인해 일상의 기준점이 바뀌면서 아이가 불안감을 느끼게 됐을 가능성이 높다.

또 상담을 진행하다 보면, 아이의 수면 문제가 여행 중, 혹은 여행을 다녀와서 발발하는 경우를 많이 보게 된다. 심지어 친구네 집에서 주말을 보내거나, 조부모님 댁에서 하룻밤 자고 온 것만으로도 수면 리듬에 혼돈을 줄 수 있다.

침대가 불안한 경우

 3개월 반, 밥티스트의 사례

밥티스트가 낮잠을 자지 않아서 걱정된 엄마 조에가 내게 연락해 왔다. 1개월 반부터 통잠을 자면서 밤잠은 매우 잘 자는데 낮잠은 잠들지 않으려고 버티는 것처럼 보이고, 자는 시간도 매우 짧다. 밥티스트는 셋째지만, 첫째와 둘째는 한 번도 잠으로 고생한 적이 없었기에 엄마는 왜 아이가 그토록 잠을 안 자려고 버티는지 이해할 수 없다. 첫째와 둘째도 세 살 반, 두 살 반으로 나이가 어려서, 막내가 낮잠을 적게 자면, 아이들을 모두 돌보기가 쉽지 않다.

상담은 전화로 진행했다. 밥티스트의 이야기를 처음부터 다시 짚어본다. 임신과 출산 과정에 대해서도 많은 질문을 했는데, 모두 별다른 일 없이 잘 진행되었고, 출산도 무사히 했다.

아이는 위식도 역류로 고생했지만, 치료받은 뒤로는 괜찮아졌다고 한다. 역류를 방지하기 위해 수유하고 나면 바로 눕히지 못하고 30분 동안 안아줘야 했다. 이와 동시에 배앓이도 했다고 한다. 아이는 공갈 젖꼭지도, 애착 인형도 찾지 않는다. 낮잠은 1층 거실 옆방에서, 밤잠은 2층에 있는 자기 방에서 잔다.

그리고 밥티스트는 1개월 때부터 엎드려서 자는데, 그 자세가 배 앓이를 줄여주기 때문에 아이에게 더 편하다는 것이다. 바로 누우면 전혀 못 자던 아이가 엎어 재운 이후로 아주 잘 잔다고 한다. 2개월 때부터 낮잠이 15분, 최대 30분으로 줄어들었고, 낮잠이 들기까지도 시간이 점점 더 오래 걸린다.

그래서 혹시 영아돌연사증후군 때문에 엄마가 걱정했는지 물어봤다. 실제로 엄마 조에는 그 점이 매우 걱정되었다고 한다. 아이를 엎드려 재운다고 하니, 주변에서 모두 그 얘기를 하며, 엄마가 너무 모른다는 지적을 받았다고 한다. 그녀도 권장하지 않는 방식이란 걸 알고, 위험할 수 있다는 것을 알기 때문에 매우 죄책감이 들지만, 그래도 아이가 편하게 자기를 원하는 마음이다. 엄마는 이렇게 말한다.

"바로 뉘어서 재우면, 아이가 울어요. 아이가 울고, 잠을 못 자면 뇌에 좋지 않잖아요. 아이를 엎어 재우면 편하게 자지만 위험하고, 돌연사가 걱정돼요. 두 방법 다 문제가 있다는 걸 알고 있어서 스트레스를 받고 죄책감이 들어요."

그녀의 흔들리는 마음과 엄마가 상황이 복잡한지 이해가 간다 남편은 아이가 밤에 통잠을 자기 때문에 아이의 수면 문제에 크게 동요하지 않는 듯했다.

나는 그녀에게 아이가 자면서 엄마의 걱정과 불안감을 느낄 가능성이 크다고 설명해 주었다. 아이가 엄마를 안심시켜 주려고, 혹은 자는 것이 위험하다고 느끼기 때문에 잠들지 않으려고 버티는 것일 수 있다고 가정해 볼 수 있다.

그러자 엄마는 아이가 밤에 잘 자기 때문에 많이 당황한 듯 보인다. 내가 봤을 땐 낮에 부족한 잠을 밤에 보충하는 것으로 보인다.

밥티스트는 자신의 안전을 위해 바로 누워 자는 법을 배워야 한다. 따라서 아이가 안전하면서도 깊은 잠을 잘 수 있도록 이 책에 소개하는 아이 재우는 법을 실천하는 것을 제안한다.

하지만 방법을 실천하기 전에 해야 할 일이 있다. 바로 아이에게 엎드려 잘 때 부모가 느끼는 '불안감'에 대해 설명해 주는 일이다. 이번 건은 전화 상담이기 때문에 내가 직접 해줄 수는 없고 나 대신 엄마 아빠가 설명해 줘야 한다. 예를 들어 이렇게 말할 수 있다.

"아가야, 네가 편히 자려고 엎드리는 것을 선택했는데, 그 때문에 네가 오히려 잠을 제대로 못 자는 것 같아. 엎드려 자는 것은 실제로 너에게 아주 위험할 수 있단다. 숨을 못 쉴 수가 있거든. 네가 잠들 때마다 잠들지 않으려고 버틴 것도 아마도 엄마, 아빠가 두려워하는 것을 너도 느꼈기 때문일 거야. 그러니까, 엄마 아빠는 네가 누워서 잘 자는 법을 배울 수 있도록 도와줄게. 그럼 너는 안전할 거고, 누워서도 편하게 잘 수 있을 거란다. 너라면 충분히 해낼 수 있어."

 **나의 조언**

✦ 편안함보다는 안전함이 먼저다.

✦ 아기는 누워서 자는 법을 배워야 한다.

✦ 아이가 안정감을 느끼고 잠에 몸을 맡기려면 일정한 장소에서 생활하고 자는 것이 필요하다.

✦ 낮이고 밤이고 가능하다면 같은 장소에서 잔다.

✦ 애착 인형을 만들어 엄마가 들고 다니면서 엄마 냄새가 배도록 한다.

✦ 큰 감정의 변화가 있었거나 스트레스를 받았다면, 아이에게 설명해 준다. 아이가 잘 때 왜 엄마가 불안해했는지 설명해 주고, 어떻게 도와줄 것인지 설명한다.

환경 변화로 나타날 수 있는 불안정함

14개월 식스틴의 사례

비앙카와 카를로의 딸 식스틴은 9개월 무렵부터 큰 수면 문제가 있어 내게 상담을 요청했다. 문제는 아빠의 직장 때문에 가족이 파리로 이사를 온 뒤로부터 발생했다. 부부는 이탈리아에서 이민을 왔고, 새로운 삶에 만족하고 있지만, 감정적으로는 매우 격정적인 한 해를 보냈다.

처음으로 엄마, 아빠가 되었고, 고국을 떠나 두 차례의 이사를 겪었다. 파리에 정착한 지 5개월밖에 되지 않았는데, 아이는 이미 베이비시터를 3번이나 바꿨다. 첫 번째 베이비시터는 일을 시작한 지

열흘 만에 그만두었고, 두 번째는 3개월 만에 남편을 따라 이사하느라 일을 그만두었다. 이 모든 것이 딸에게는 급작스러운 변화의 연속이었다.

임신과 출산은 모두 무사히 이뤄졌다. 다만 이민 결정은 임신 말기에 갑작스럽게 정했고, 준비하는 과정에 있어서 상당한 스트레스와 긴장감을 유발했다.

아이의 수면 리듬이 불규칙적으로 돌변한 것은 가족이 파리에 도착하고 나서 얼마 안 되어서였다. 누구든지 아이를 재우면 금방 울기 시작했고, 며칠 후부터는 매번 잠들 때마다 울기 시작했다. 아이를 안심시키려고 아이 곁에서 재우기 시작했더니, 그 후부터는 밤마다 아이가 깨기 시작했다.

부부는 아이가 자기 침대에서 혼자 잠들고, 예전처럼 통잠을 자기를 바란다.

이사는 어른과 아이 모두에게 큰 스트레스고, 변화이고, 적응 기간이 필요하다. 이삿짐을 싸고, 새 거주지를 찾고, 꾸미고, 행정 절차를 처리하다 보면, 정말 정신이 하나도 없다.

아이에게는 상황이 더더욱 복잡하다. 이사는 아이의 모든 세상이 무너져 내리는 일이기 때문이다. 식스틴의 경우에는 새로운 집과 방, 새로운 베이비시터, 새로운 나라와 동네, 언어 등에 적응해야 했다.

게다가 베이비시터의 잦은 교체로 9개월 무렵에 분리 불안을 겪었을 가능성이 높다. 아이를 안심시켜 주고, 새로운 일상의 기준점을 만들어주는 것이 중요하다.

✦ 아이에게 아이의 이야기와 경험에 대해 말해준다.

✦ 변화는 이제 끝났고, 부모는 언제나 아이를 도와주기 위해 곁에 있다는 점을 말해주며, 아이를 안심시켜 준다.

✦ 일상의 모든 활동에 있어서 기준점을 만들어 아이가 깨닫거나 생각하게 한다. 식사, 기저귀, 놀이, 이야기, 세면 등 모든 행동을 정해진 장소에서 한다.

애착 형성이 불안정할 때

 3개월 조아킴의 사례

아빠 압델이 아들 조아킴이 혼자 잠을 못 잔다며 내게 연락해 왔다. 엄마 아니싸와 아빠 압델은 어떻게 아이를 도와줄 수 있을지 알고 싶어 한다.

조아킴은 매우 기다렸온 아기로, 임신 초반은 큰 문제가 없었다. 임신 7개월 반일 때, 아니싸의 어머니가 위중한 병에 걸리면서, 감정적으로 힘든 시기를 보냈다. 아니싸는 어머니의 수많은 검사에 동행했고 그녀가 출산했을 때, 어머니는 입원 중이었다. 출산은 무사히 이뤄졌다.

아니싸는 자신이 아들에게 전적으로 사랑을 줄 수 없다는 점을 털어놓는다. 그녀는 어머니가 걱정되고, 어머니 생각을 많이 한다. 이틀에 한 번씩 어머니를 뵈러 방문하고, 그때마다 아이는 고모나, 이웃, 혹은 친구가 잠시 맡아준다. 아니싸는 외동이고, 부모님은 이혼했기에 어머니의 유일한 의지 대상인 것이다. 따라서 두 사람은 매우 가까운 사이이다.

아니싸가 아이를 볼 때 물리적으로는 곁에 있으면서 분유도 주고 목욕도 시키지만, 어머니에 대한 걱정 때문에 심리적으로는 아이 곁에 제대로 있어 주지 못한다.

조아킴은 엄마가 자신을 돌볼 여유가 없고, 또 매번 돌봐주는 사람이 바뀌기 때문에 불안증을 느낄 수 있다. 아이가 마음 놓고 잠에 빠져들려면 아이는 아주 안전하다고 느껴야 한다.

아이는 아마도 엄마의 감정 상태를 느낄 것이다. 따라서 아이는 엄마가 괜찮은지 걱정하고, 또 엄마가 힘든 것이 자기 때문일까 봐 불안하다. 따라서 부모가 설명을 해줘서 아이를 안심시켜 줄 필요가 커 보인다. 예를 들어 이렇게 말할 수 있을 것이다.

"엄마가 힘들어하고, 걱정이 많고, 딴생각을 하고 있다고 느낄지도 모르겠구나. 안심하렴, 그건 네 잘못이 아니야. 우리는 너를 아주 많이 사랑한단다. 네 할머니께서 아주 편찮으셔서 엄마는 걱정이 많이 되고 슬픈 거야. 엄마가 할머니 병문안을 갈 때, 아가를 데려갈 수가 없어서 이틀에 한 번씩 너를 고모나 엄마 친구에게 맡기는 거란다. 상황이 좀 더 좋을 때 너를 맞이했어야 하는데, 미안하구나. 너와 같이 시간을 보낼 때는 모든 걱정은 잠시 눈감아 두고, 우리들의 행복한 시간을 충분히 누릴 수 있게 할게."

엄마는 상담하면서 자신이 아이를 안아 재우는 순간을 좋아한다고 털어놓는다. 함께 못하는 시간을 대신하는 순간이면서 그녀 본인에게 편한 순간이기도 하다.

나의 조언

+ 부모의 걱정에 대해 아이에게 설명해 준다. 너무 세세히 말해 줄 필요는 없다.
+ 어른의 문제에 아이는 아무 책임이 없다는 것을 알려주면 된다.
+ 아이를 봐주는 사람의 수를 제한한다.
+ 너무 많이 장소를 바꾸지 않는다. 아이는 자신의 침대를 안전한 공간으로 인식해야 한다.
+ '지금, 이 순간'에 충실할 것. 아이를 봐줄 때는 온전히 아이만 보도록 노력해야 한다.
+ 엄마가 힘들 때는 아빠의 도움을 받는다.
+ 부모가 준비되면, 책에 소개된 방법을 실천한다.

부모들의 질문

? 수면 교육법을 시작하기에 가장 이상적인 시기는 언제인가?

! 주말에 시작하는 것이 좋다. 낮잠과 밤잠 모두 방법을 실천한다. 필요한 경우 역할을 분담할 수 있으므로 부모 둘 다 있을 때 하는 편이 좋다.

? 낮잠부터 시작해야 하나, 밤잠부터 시작해야 하나?

! 낮잠부터 시작하는 편이 좋다.

? 아이가 어린이집이나 베이비시터와 있을 때는 어떻게 하나?

! 주중에 아이가 어린이집에 간다면, 저녁에만 방법을 실천한다. 일단 아이가 집에서 독립적으로 혼자 자는 법을 배우고 나면, 어린이집이나, 베이비시터에게 아이의 자는 습관이 바뀌었음을 알려준다.

? 아이를 친정/시댁에 맡길 때도 수면 교육법을 해야 하나?

! 조부모님이 아이를 봐주는 때에는 조부모님이 하고 싶은 대로 하게 둔다. 반면에 부모가 같이 있다면, 그때는 부모가 결정한다.

❓ 어린이집이나 베이비시터가 공갈 젖꼭지나, 유모차를 써서 재우는 법을 고집한다면 어떻게 해야 하나?

❗ 괜찮다. 아이는 상황이 다르다는 걸 인지한다. 중요한 건 집에서 일관된 방식으로 아이를 재우는 것이다.

❓ 애착 인형이란 무엇인가?

❗ 애착 대상인 부모, 특히 엄마가 아이 곁에 없을 때, 대신 아이를 안심시켜 주는 전이 대상이다. 전이 대상을 쓰는 아이는 무엇보다 정신이 건강한 삶을 키울 수 있다.

애착 인형이 있으면, 아이는 창조하고, 사고하고 상상하는 매개 공간을 만들 수 있다. 애착 인형은 바로 이 전이 공간의 형성을 지켜봐 주는 일종의 증인이다. 아이가 애착 인형을 안고 있을 때 아이가 자기 자신에게 집중하고, 시선은 허공을 바라보며 꿈꾸는 듯한 순간을 볼 수 있다. 일부 전문가들은 전이 대상이 8개월 무렵부터 나타난다고 주장하지만, 나는 아이가 애착 인형을 전이 대상으로 쓰는 정확한 시기를 파악하기는 어렵다고 본다. 애착 인형은 3개월부터 아주 일찍 등장할 수 있다.

❓ 반드시 애착 인형이 필요한가?

❗ 수면 문제가 있는 아이에게는 애착 인형이 있는 편이 좋다. 부모는 방법을 실천하는 동안 일종의 '친구', 제3자처럼 애착 인형을 활용할 수 있다. 애착 인형과 함께라면 아이도 침대에서 혼자라고 느끼는 것이 덜하다. 만약 아이에게 애착 인형이 없다면, 하나 만들어주

는 것을 강력히 추천한다. 부모님 품에 안겨야 잠들거나, 수유 같은 신체적 접촉이 있어야 잠드는 아이 대부분이 애착 인형이 없다. 부모와 아이가 분리되어 본 적이 없기 때문이다.

애착 인형은 애착 대상과의 분리를 도와주는 '전이 대상'의 역할을 하므로 부모와 분리되는 경험을 겪어보지 못한 아이는 애착 인형의 필요성을 느끼지 못한다. 애착 인형이 없는 아이 중에는 공갈 젖꼭지나 젖병을 물고 자는 아이들도 있다. 이 경우에도 애착 인형이 더 유용하다. 밤에 혼자 공갈 젖꼭지를 찾아 물지 못하는 어린 아기들이 천천히 공갈 젖꼭지를 끊는 데 도움이 될 수 있고, 잠들면서 수유하는 습관을 고치는 데에도 유용하다.

❓ 이상적인 애착 인형은 무엇인가?

❗ 이상적인 애착 인형이란 건 딱히 없다. 어떤 아이들은 담요, 엄마의 향이 밴 티셔츠, 인형에 애착을 느끼곤 한다. 중요한 것은 아이가 애착 인형과 침대에 누웠을 때, 아이가 안전해야 한다는 것이다.

스카프형 기다란 아기 띠를 애착 인형으로 삼는 아이를 만난 적도 있다. 이럴 경우, 아이가 스카프에 감겨 질식할 수 있는 위험이 있기 때문에, 스카프를 손수건 모양으로 작게 잘라서 아이에게 줄 것을 제안한다. 그래야 아이를 안심하고 침대에 눕힐 수 있다.

내가 제안하는 방식을 실천하려면, 애착 인형이 기왕이면 '인형'이기를 바란다. 아이가 스스로 애착 인형을 선택하지 않았다면, 부모님들이 좀 납작한 형태나 아주 부드러운 네모난 천에 작은 동물 인형이 매달려 있는 형태, 아니면 아주 부드럽고 붙잡기 쉬운 형태의 작은 천 인형을 추천한다. 인형 안에 딸랑이가 들어있으면, 밤에 아이가 건드릴 때마다 소리를 낼 수 있으니 추천하지 않는다.

내 방법을 실천하는 과정에서 아이들이 부모의 존재에 다른 방식으로 의존할 수 있다는 것을 깨우치고 나면, 실질적으로 애착 인형에 정을 붙이기 시작하는 경우가 많다. 아이가 잘 자는 법을 배우고 나면, 애착 인형은 금방 '잠 친구'가 될 것이다.

만약 부모나 아이, 혹은 둘 다 서로에게서 분리되는 것에 어려움을 느낀다면, 아이는 방법을 실천할 때 버틸 수 있고, 격하게 반응하고, 애착 인형에 아예 정을 붙이지 않을 수 있다. 자신이 대체되고 싶지 않기 때문에 애착 인형을 도입하고 싶어 하지 않는 엄마들도 이미 많이 만났다.

⁇ 아이가 애착 인형을 좋아하게 하려면?

❗ 이상적인 애착 인형을 찾았다면, 엄마가 인형을 하루 종일 들고 다니거나, 침대에 둬서, 엄마 냄새가 배도록 한다. 그다음 날부터는, 아이가 있는 곳이면 항상 인형을 함께 두면서 인형이 새로운 가족 구성원인 것처럼 하자! 친근하게 인형에게 말을 걸어야 한다. 그렇게 아이와 인형이 친구가 되도록 하자.

아이가 물건을 혼자 들고 끌어안을 수 있는 나이라면, 억지로 인형을 들고 있도록 강요하지 말자. 일단은 어른이 먼저 애착 인형에 정을 줘야 한다. 이를테면 아이가 목욕할 시간에 아이 옷을 벗겨주면서 이렇게 말해줄 수 있다.

"자 이제 옷을 벗고, 물을 받고, 목욕하자."

이어서, 인형을 향해 이렇게 말하는 식이다.

"너도 들었지? OO는 목욕할 거란다. 너는 이미 목욕 다 했지? 너 같은 친구가 곁에 있어서 OO는 참 좋겠다."

아이를 재울 때나, 아이가 잠을 잘 못 드는 날에도, 어른은 애착 인형에게 말을 많이 걸어주도록 한다. 이런 식으로 하면서 동시에 수면 교육을 진행한다면, 아이는 아마도 애착 인형에 많은 정을 붙이게 될 것이다.

아이가 애착 인형에 정을 붙였다면, 똑같은 인형을 한두 개 정도 더 사는 것을 추천한다. 그리고 인형을 번갈아 쓰면서 비슷한 속도로 닳게 한다. 그래야 하나를 잃어버리더라도, 비극이 발생하지 않는다.

인형을 세탁해서 깨끗해진 상태라면, 부모님 침대에 하룻밤 재워서 익숙한 냄새가 인형에 배도록 하자.

⁉ 모든 아이가 애착 인형을 가져야 하나?

❗ 의무 사항은 아니지만 강력히 추천한다. 공갈 젖꼭지가 애착 인형을 대신하는 경우도 있다. 아이가 잠버릇에 문제가 있다면, 애착 인형에 정을 붙여서 혼자서도 침대에서 잘 수 있도록 도와주는 것이 좋다. 애착 인형은 분리를 도와준다.

⁉ 애착 인형은 몇 살부터?

❗ 애착 인형을 3개월부터 도입하는 것을 추천한다. 아이가 아직 빨기 욕구가 강하다면, 애착 인형을 대신 빨 수 있기 때문에, 공갈 젖

꼭지를 끊는 데 도움이 된다.

8~9개월 무렵에 아이가 어린이집이나 베이비시터 집에 갈 때 적응하는 과정에서도 이상적이다. 이 시기에 아이는 자신이 엄마와 분리될 수 있다는 점을 이해한다. 따라서 분리 과정을 도와준다.

❓ 아이랑 부모 중 누가 애착 인형을 골라야 할까?

❗ 가장 좋은 것은 아이가 직접 자신의 애착 인형을 고르는 것이지만, 스스로 골라 삼는 경우는 드물고 공갈 젖꼭지나 엄마가 애착 인형을 대신하는 경우가 많다.

하지만 엄마는 아이의 '애착 인형'이 될 수 없다. 왜냐하면, 애착 인형은 엄마와의 분리를 도와주는 '전이 대상'이어야 하기 때문이다. 이런 경우라면, 부모가 직접 애착 인형을 골라줄 수 있다. 골라준 인형을 아이와 함께 온 집안을 같이 돌아다니면 된다. 그러다 보면, 아이의 최고의 친구가 될 것이다.

❓ 젖병이 애착 인형을 대신하는 경우라면?

❗ 아이가 젖병을 문 채로 잠드는 것이 습관화되면 그럴 수 있다. 그러면 젖병을 입에 물기 않으면 더거히 잠에 못 드는 아이가 된다. 젖병이 애착 인형이나 공갈 젖꼭지를 대신하는 것이다. 그러나 이는 좋지 않은 습관이다. 아이가 혼자서도 잠들 수 있도록 수면 교육을 실천해야 한다. 아이가 혼자 잠들 수 있게 되기 전까지 애착 인형을 도입해서 나중에 젖병을 대신할 수 있도록 한다.

❓ 언제까지 애착 인형을 데리고 다녀야 하는가?

❗ 아이가 잠들려고 인형을 끌어안거나, 쭉쭉 빨거나, 얼굴을 파묻는다면, 애착 인형에 완전히 정을 붙였다고 보면 된다. 그러면 애착 인형은 전이 대상의 역할에 한정해야 한다. 따라서 엄마와 아이가 떨어지는 순간에만 써야 한다. 낮에 아이가 부모와 함께 있는 동안에는 침대에 둔다.

하루 종일 인형을 물고 빠는 아이들은 제대로 언어능력이 발달할 수 없고, 말이 매우 적거나 못하는 경우가 많다. 항상 인형을 들고 다니면, 제대로 된 대뇌 발달에 장애가 될 수 있다. 두 손이 자유로워야 제대로 기어다닐 수 있다.

아이가 어린이집이나 베이비시터 등 제3자의 손에 맡겨질 경우, 애착 인형을 데려갈 수 있다.

❓ 몇 살까지 애착 인형이 필요할까?

❗ 어른이 아이의 애착 인형을 책임지는 시기는 2세에서 2세 반까지다. 그 이후부터는 아이 스스로 자신의 애착 인형을 관리한다. 아이가 애착 인형을 잊어버리거나, 어딘가에 숨겨 놓는다면, 애착 인형과 작별할 준비가 되었다는 뜻이다. 따라서 할머니 할아버지 댁이나, 여행 숙소에 애착 인형을 두고 왔다고 해서 300킬로미터를 다시 돌아갈 필요는 없다.

부모는 아이를 믿어야 한다. 만약 애착 인형을 잃어버린 것이 부모에게 큰 타격을 입히지 않는다면, 아이에게도 괜찮을 것이다. 부모는 아이에게 이렇게 말해줄 수 있다.

"네가 슬프다는 점 이해해, 당연한 일이야. 네 인형을 잃어버렸으니, 아주 힘들 테지. 그렇지만 너는 이제 많이 컸고, 인형 없이도 혼자 잠들 수 있단다. 안심하렴. 이런 어려움도 이겨낼 힘이 네 안에는 이미 들어있단다."

공갈 젖꼭지도 마찬가지다. 쓰던 공갈 젖꼭지를 잃어버리거나 젖꼭지가 찢어졌다고 해서 새로운 젖꼭지를 사줄 필요가 없다.

❓ 아이가 힘들어하면 애착 인형을 줘도 될까?

❗ 애착 인형이 아이를 재우거나, 아이를 다른 사람에게 맡기는 전이의 순간에 아이 곁에 있어 주는 존재라는 점을 이미 위에서 밝혔다. 따라서 가족과 함께하는 순간에는 공갈 젖꼭지와 마찬가지로 애착 인형도 아이 침대에 한정돼 있어야 한다. 하지만, 특정한 순간에는 애착 인형이나 공갈 젖꼭지가 아이에게 도움이 되고, 안심시켜 주고, 안도감을 준다. 예를 들어 소아과를 방문하거나, 차/비행기/기차 등으로 장거리 여행을 할 때, 저녁 무렵 피곤할 때, 아이가 아플 때 등이 그렇다.

❓ 낮잠 때는 아이를 완전히 어두운 곳에서 재워야 하나? 아니면 빛이 드는 곳에서 재워야 할까?

❗ 아이가 아직 밤잠을 자지 않는다면 낮과 밤을 구분하기 위해서 낮잠 중에 햇빛이 들어오게 하는 것이 중요하다. 낮에는 환하고, 밤에는 어둡다. 가을이 되어 해가 짧아지는 시기에, 아기가 여전히 저녁 5시부터 밤 9시 사이에 낮잠을 잔다면, 이때에는 작은 전등을

방에 설치해서 불을 밝혀주는 것을 추천한다. 불을 켜둠으로써, 아이에게 '아직 환한 낮'이란 걸 알려주고, 마지막 수유가 남아있다는 것을 알게 해 준다.

반면에, 마지막 수유(모유/분유) 후에 부모는 모든 전등을 꺼서, 밤이라는 것을 알려준다.

아이가 이미 통잠을 자기 시작했다면, 낮잠 중에도 겉창이나 커튼을 닫아준다. 빛이 들어오면, 아이가 잠들기 어려워할 수도 있고, 수면 주기 사이에 살짝 깼다가 다시 잠에 못 들 수도 있기 때문에, 빛을 차단함으로써 낮잠 시간을 늘릴 수 있다.

❓ 아이가 이앓이 할 때도 수면 교육을 할 수 있을까?

❗ 수면 교육은 아이의 건강 상태가 완벽할 때만 시키도록 한다. 하지만 항상 이앓이를 핑계로 삼지는 말자. 아이가 2세에서 2세 반 정도가 되면 이가 전부 다 나온다. 또, 2년 내내 항시 이앓이를 하는 것도 아니다. 아이가 진짜 이앓이를 하는 신호는 볼이 붉어지고, 엉덩이에 발진이 생기고, 잇몸이 붓고, 설사를 하는 것 등이다. 만약 이런 신호를 전혀 보이지 않는다면, 수면 교육을 해도 괜찮다. 반면에, 아이가 정말 이앓이를 해 고생한다면, 수면 교육을 미루거나 중단하는 것이 좋다.

? 수면 교육을 하는 중에 아이가 일어나거나 앉으면 어떻게 해야 할까?

! 10초 동안 아이를 들여다보는 동안 단 한 번만 침대에 뉘어주고 다그치지 않는다.

? 층간 소음으로 이웃집에서 불평하면 어떻게 할까?

! 이웃에게 피해가 갈까 봐 너무 빨리 부모가 아이에게 달려갈 경우, 오히려 아이가 밤에 더 자주 깨게 된다. 따라서 악순환이 계속된다. 수면 교육을 실시하기 전에, 밤중에 시끄러워 방해될 수 있음을 미리 이웃들에게 공지한다. 미리 사과해 두면, 이웃들도 심적으로 대비할 수 있다.

? 아이가 애착 인형이나 공갈 젖꼭지를 계속 집어던지는데 어떻게 해야 할까?

! 10초 동안 아이를 찾아가 보는 동안 단 한 번만 집어준다. 아이가 인형이나 젖꼭지를 되찾고 싶다면, 부모가 다시 돌아올 때까지 참아야 한다.

? 수면 교육 중에 아이가 10분에서 15분 정도는 차분해졌다가 다시 울면 어떻게 해야 할까?

! 아이가 차분하게 잘 있는데 방에 들어가면, 오히려 아이가 더 울 수 있다. 차분하다가 나중에 울기 시작한다면, 그때 아이 방에 들어간다.

❓ 그럴 경우 방법을 처음부터 다시 시작해야 할까? 아니면 멈춘 단계부터 이어야 할까?

❗ 멈췄던 단계부터 이어 하면 된다.

❓ 몇 살 때부터 아기 침대가 아니라 일반 침대에서 재워도 될까?

❗ 약 2세경부터 아이가 혼자 침대에 올라가 누울 수 있으면 된다.

❓ 저녁 시간에 아이가 자기 침대에서 나오면 어떻게 해야 할까?

❗ 그래도 괜찮다. 아이가 자기 방에서만 나오지 않으면 된다.

❓ 그럼 아이가 자기 방에서 나오면 어떻게 할까?

❗ 아이 방 문지방에 빨간 스카치테이프를 붙여서 경계선을 정한다. 또 문이 열리는 방향으로 약 3센티미터 정도 떨어진 바닥에 다른 경계선을 표시한다. 이 선은 문을 열 수 있는 최대 너비를 표시한다. 그리고 선택권은 아이에게 준다.

"문을 닫아둘까 열어둘까?"

그리고 알려준다.

"네가 원한다면 문을 열어 둘게. 단, 규칙은 너는 네 방에 있어야 한다는 거야. 네가 필요하다면, 엄마 아빠가 너를 보러 올 거야. 네가 네 방에서 나오면, 우리는 방문을 닫을 거란다. 잘 이해했니?"

단호하지만 다정한 톤으로 말한다. 만약 아이가 방에서 나온다면 아마 아이는 당신이 말을 지키는지 확인하려 할 것이다. 그렇다면 문을 닫아두고 교육을 실시한다. 필요한 경우 방문을 잡고 있어야 한다. 매번 방에 머무는 시간은 10초로 제한하고, 반드시 2분의 허그타임을 갖는다. 허그타임이 끝나면 아이에게 이렇게 말한다.

"문을 열어둬도 괜찮아. 하지만, 조심하렴. 규칙을 기억해. 만약 붉은 선을 넘으면, 엄마는 다시 문을 닫아둘 거야. 네가 필요하다면, 엄마는 1분 후에 다시 올게."

방을 나간 후, 수면 교육 방식을 따른다.

❓ 한밤중에 아이가 부모 방으로 온다면 어떻게 할까?

❗ 차분하게 아이를 다시 아이 방으로 데려간다. 만약 이런 일이 반복적으로 생긴다면, 부모방의 방문을 닫거나, 아니면 붉은 스카치 테이프를 문지방에 붙여서 들어오면 안 된다는 규칙을 아이가 인지하도록 한다. 아이가 밤에 부모 방에 오지 않도록 하려면, 부모 방 침대에서 보내는 시간은 아침 7시 이후로 제한한다. 그전에는 아직 밤이고, 자기 방에서 푹 쉬어야 한다. 부모 방에서 아이와 놀아주거나 이야기를 읽어주거나, 옷을 갈아입히는 것을 피한다.

❓ 수면등, 무드등이 필요할까?

❗ 늑대나 어둠, 괴물 등을 무서워하는 것은 2세에서 3세경에 나타난다. 만약 아이가 어두운 것이 무섭다고 하면, 방에 작은 수면등을 두는 것이 위안이 될 수 있다. 하지만 수면등은 너무 불이 환한 점이 문제다. 그러면 아이가 잠드는 데도 어려움을 겪을 수 있고, 한밤중에 깰 수도 있다. 그보다 어린아이들에게는 수면등이 전혀 필요가 없다. 부모님이 밤중에 아이 방에 들어갈 때 아이를 보기 위해 작은

불을 밝히는 용으로는 쓸 수 있다.

☑ 아이 침대에 모빌을 달아도 괜찮을까?

❗ 어떤 용도와 어떤 식으로 침대에 장착하느냐에 따라 다르다. 몇몇 부모들은 침대를 꾸미거나 아이가 막 일어났을 때 잠깐 아이의 시선을 끌기 위해 쓴다. 그럴 경우, 기왕이면 아이의 발치에 설치하는 것이 좋다. 아이가 잠들 때마다 자동으로 돌아가며 소리가 나는 모빌은 오히려 아이를 자극하기 때문에 추천하고 싶지 않다. 게다가, 적응되면 아이가 밤중에 깨더라도 모빌을 켜달라고 울 수 있다.

수면 의식 중에 자장가를 불러줘도 괜찮을까?

자장가를 듣지 않고도 잠드는 법을 아이에게 가르쳐줘야 한다. 수면 의식에 자장가를 불러줄 수는 있지만, 아이가 잠들 수 있도록 아이를 달래는 용도로 써서는 안 된다. 반면에 저녁 시간에 수면 의식을 시작하면서, 아이를 안아주거나, 아이를 바닥에 내려놓고 작은 노래를 불러주는 식으로는 도입할 수 있다. 아기에게 분리를 예고해주는 역할을 한다. 자장가를 다 불러주었다면, 아이가 깨어있을 때 침대에 뉘어준다.

☑ 아이와 엄마가 같이 자면 안 될까?

❗ 코슬리핑co-sleeping이란 부모 침대에서 아기와 함께 자는 것을 말한다. 보통 모유 수유하는 아기에게서 많이 보는 경우인데, 아이가 밤마다 깨는 것에 지친 엄마 아빠들이 포기하고 아기랑 같이 자는 경우가 있다. 아이가 모유 수유를 하면서 잠이 든다면, 밤중에 얕

은 수면 단계에 들어설 때마다 깨서 모유 수유를 원할 가능성이 높다. 어떤 식으로든 부모도 잠을 자야 그다음 날 하루를 버틸 수 있으니, 어쩔 수 없이 아기랑 같이 자는 부모의 마음도 이해 못 하는 것은 아니다.

그렇지만, 아이와 부모가 침대를 따로따로 쓰는 것이 옳다고 본다. 차라리 부모 침대에 아기 침대를 연결하는 방식이 좋을 것 같다.

❓ 낮잠과 밤잠의 장소가 바뀌어도 괜찮을까?

❗ 아이가 숙면하려면 자신의 침대에 정이 들어서 안전하고 위안이 되는 공간으로 여겨야 한다. 자신만의 둥지를 꾸리는 셈이다. 그러려면, 부모 방의 자기 침대이든 자기 방의 자기 침대이든 낮과 밤모두 같은 침대에서 재우도록 한다. 깨어있는 동안에는 거실 등 생활공간에 있고, 자는 시간에는 침대로 돌아간다.

❓ 모유를 끊어야 통잠을 재울 수 있을까?

❗ 모유 수유가 잘 되는데 굳이 끊는 것은 아쉬운 일이다. 앞서 설명한 대로, 모유 수유하는 아이가 잠을 제대로 자도록 도와주려면, 수유와 잠들기를 분리해야 한다.

아이가 혼자 자는 법을 배우면, 자다가 깨도 혼자 잠들 수 있으니통잠을 자게 된다.

❓ 자는 아기를 깨워도 될까?

❗ 되는 경우 : 아기가 조산아일 경우, 혹은 체중이 늘지 않거나,

소아과에서 깨우라고 진단받았다면 깨워도 된다. 그럴 경우 잠은 부드럽게 깨우도록 한다. 팔을 부드럽게 잡아주거나, 볼을 부드럽게 쓰다듬어 준다.

안 되는 경우 : 아기가 예정일에 맞춰 태어났고, 체중이 정상적으로 늘고, 수유가 정상적으로 이뤄진다면, 아기를 깨우지 않는다. 아기가 조금 컸고, 낮잠이 너무 길어질 경우에는 과하지 않게 약간 주변 소음을 높인다. 아기 방문을 조금 열어두고 일상의 소음이 자연스럽게 들리도록 한다. 할아버지 할머니가 손자 손녀를 보러 왔더라도, 아기가 자고 있다면, 깰 때까지 기다려야 한다.

☒ 아기가 모유 수유 중에 잠들어도 괜찮을까?

❗ 처음 모유 수유를 시작할 때는 아기에게 수시로 젖을 물리게 된다. 아기는 젖을 물고 쉽게 잠에 들기도 한다. 엄마만 괜찮다면, 몇 개월 정도는 그렇게 해도 된다. 게다가, 모유 수유하다 잠드는 아기 중에 수면 문제가 없는 아이들도 많다.

물론 아기가 낮잠을 너무 짧게 자거나, 부모가 아기를 침대에 뉘자마자 깬다거나, 밤중에도 일어나 엄마 젖을 찾느라(이 경우 대개 진짜 수유라기보다는 젖꼭지를 물고 잠들고 싶어 하는 경우가 많다.) 문제가 되는 경우도 있다. 일명 '오픈 바'형 아가들인데, 수유하다가 젖을 문 채로 잠들고, 다시 깨서는 젖을 찾고, 수유하다 다시 잠드는 식이다. 그럴 경우 혼자서 잠드는 법을 가르쳐 주는 것이 좋다.

⁉️ 아기가 혼자 침대에서 울게 내버려 둬도 괜찮을까?

❗ 아니, 아니 아니다! 아기 혼자 잠들도록 침대에서 울게 내버려 둬선 안 된다. 옛날 방식은 통하지 않으며, 아이가 버려졌다는 느낌을 받을 수 있다. 또 어른은 믿을 수 없다고 생각하며 혼자 잠든다.

아이가 잠들려면, 아주 안전하다고 느낄 수 있어야 한다. 아기를 침대에 뉘었을 때 아기가 운다면, 자주 찾아가고 필요할 때마다 아이를 안아주며 안심시켜야 한다.

잠이 들면서 우는 아이들의 경우에는 개입해선 안 된다. 수면 자체가 바로 분리의 일종이다. 부모는 아이가 잠을 깊이 자도록 하기 위해 수면 교육을 도입하고 습관을 바꾸려 하는 것이지만, 그에 대해서 아이는 자신의 불만을 표현할 수 있다.

⁉️ 우는 것이 아이의 뇌에 끼치는 영향은 무엇인가?

❗ 아이가 우는 것과 충분히 잠을 못 자는 것은 뇌에 좋지 않다. 완벽한 해결책은 없다.

많은 부모가 죄책감을 느끼지만, 안심해도 괜찮다. 수면 교육 방식이 자리 잡기까지는 며칠밖에 걸리지 않는다. 아이를 도와줄 엄마 아빠의 굳티식, 심식 응인의 필요하다.

⁉️ 아이 방에 침대를 어떻게 둬야 할까?

❗ 침대 머리맡은 안정적인 느낌을 주기 위해 방의 한구석이나, 벽 쪽에 붙이도록 하고, 북쪽, 동쪽 혹은 북동쪽으로 위치한다.

아이가 침대에 누웠을 때, 방으로 누가 들어오는지 바로 볼 수 있게 하는 편이 좋다.

옷장이나 서랍장 등을 활용해서 좀 더 아늑한 구석을 만들 수도 있고 침대 위에는 선반을 달지 않도록 한다.

아이 침대에는 다른 인형이나 물건이 아닌 아이의 애착 인형과 공갈 젖꼭지만 둔다.

❓ 선천적으로 잠이 적은 아이들도 있을까?

❗ 정말 선천적으로 잠이 적은 아이란 낮이나 밤에 잠이 적은데도 항상 기분이 좋고, 흥분하지 않는 아이다. 하지만 주의하자. 아무리 잠이 적은 아이일지라 하더라도, 부모인 당신이 늦게까지 아이를 지켜줘야 한다거나, 아니면 아이와 같이 새벽부터 일어날 필요는 없다. 아이는 일반적으로 아이가 잠들어야 할 저녁 시간에 잠들고, 가족 모두의 수면을 존중하며, 혼자 자기 침대에서 기다리는 법을 배울 수 있어야 한다.

❓ 낮잠은 정해진 시간에 자야 할까?

❗ 아이가 통잠을 자지 않는 한, 낮잠과는 완전히 똑같을 수 없다. 밤 중에도 항상 같은 시간에 깨어날 때만, 낮에도 주기적인 시간에 피곤함을 느낀다. 아주 어린 아기의 경우에는 피곤하다는 신호를 보낼 때만 낮잠을 재우도록 하자.

부모와의
상담일지

안녕하세요. 저희 아들이 19개월인데, 어느 날부터 혼자 잠들지 못하고 자기 방에 있기 싫어해요. 그전까지는 그런 일이 전혀 없었거든요. 올여름에 장소를 자주 바꿨고, 어린이집에 보내면서부터 이런 일이 생겼어요. 가능한 건 다 시도해 봤는데, 다시 한번 자기 침대에서 밤잠을 제대로 잘 수 있을지 모르겠어요. 상담이 가능할까요? 미리 감사드립니다. E.

 상담 후기

정말 감사드리고 싶어요. 알려주신 정보랑, 지원, 케어 덕분에 프랑수와에게 정말 도움이 많이 되었고, 수면이 하늘과 땅 차이로 달라졌습니다. 이제는 전에 없던 애착 인형도 생겼고, 수면 교육 이후로 다시 한번 자기 침대에서 편하게 잡니다. 알려주신 방법을 정말 철저하게 따라 했는데, 4일 만에 완전히 다른 아이가 되었어요. 우리가 방을 나가기도 전에 자기가 알아서 침대에 누워요. 정말 놀라워요! 너무나 안심이 되고 다시 새롭게 사는 것 같아요. 연락드리길 정말 잘했고 같은 문제가 있는 다른 친구들에게도 이미 추천했어요. 수고 많으십니다. 감사드립니다. E.

5세 아나벨

딸이 다섯 살인데, 혼자 잠들지 못하고, 밤에도 여러 번 깨요. 깰 때마다, 정말 겁에 질린 것처럼 보이고 결국에는 제가 옆에서 같이 자요. 태어난 이후로 하룻밤도 편히 자 본 적이 없어요. 우리 모두 밤에 잘 잘 수 있도록 해결책을 찾고 싶어요. 친구가 선생님 도움을 받았다고 제게 연락처를 전해줬어요. 언제 상담을 할 수 있으신지 궁금합니다. 감사합니다. K.

♥ 상담 후기

오드 선생님, 안녕하세요. 저희 딸아이의 수면 문제 관해서 도움 주셔서 정말 감사드립니다. 도와주신 덕분에, 이제는 혼자 잘 잠들고, 숙면하기 시작했어요. 가끔은 혼자 자기 방 침대에서 쉬기도 해요. 첫날밤은 쉽지 않았는데, 둘째 날부터는 2분 만에 잠을 자기 시작했어요. 셋째 날에는 일어나지 않고 깊이 잤고, 그다음 날부터는 쭉 그렇게 자기 시작했어요. 정말 행복하고 너무 감사드립니다! 우리 아이 잠의 요정이시고 친구의 말처럼 정말 대단하세요. 제 친구들에게서도 곧 연락받으실 거예요. 정말 감사드립니다. K.

2세 쌍둥이 에미와 엘로이즈

안녕하세요. 네 아이의 엄마입니다. 열한 살, 여섯 살, 그리고 막내 쌍둥이 에미와 엘로이즈가 두 살인데요. 쌍둥이가 혼자 잠드는 걸 싫어해서, 안아 재워야 하고, 밤중에 한두 번 정도 일어나서 분유를 찾아요. 낮잠도 마찬가지로 쉽지 않고요. 아이들이 잠들 때까지 제 방 침대에서 같이 누워있다가, 아이들이 잠들면 살짝 빠져나오는데, 그래도 낮잠 시간이 길지 않아요. 베이비시터나 할머니 할아버지가 봐줄 때는 아주 잘 자요. 도와주실 수 있을까요? 다시 제 침대에서 남편이랑 자고 싶어요.

❤ 상담 후기

오드 선생님 안녕하세요. 상담해 주셔서 정말 감사하다고 말씀드리고 싶어요. 7일 전부터 가르쳐 주신 대로 하고 있는데요, 3일 전부터 에미랑 엘로이즈가 낮잠과 밤잠 모두 아이들 침대에서 자기 시작했어요. 이제는 둘 다 통잠을 자고요. 저만의 저녁 시간을 갖는다는 게 뭔지 잊고 있었어요!! 너무 감사합니다. 다시 사는 기분이에요!!

2세 반 이자벨라

안녕하세요. 제 딸 이자벨라가 이제 곧 2세 반인데, 밤에 한두 번씩 깨며 밤에 쭉 자는 경우가 매우 드뭅니다. 저녁에 8시면 비교적 쉽게 잠들기는 하는데, 꼭 제가 옆에 있어야만 해요. 그리고 밤에 아이가 깨면, 다시 잠들 때까지 옆에서 기다려야 하고 이때는 시간이 조금 걸려요!! 밤마다 매번 깨는 상황을 피하고 싶고, 아이가 혼자서 잘 수 있으면 좋겠어요. 어떻게 하면 좋을지 알고 싶어요. 미리 감사드립니다. 안느 드림.

❤ 상담 후기

베카 부인 안녕하세요. 지난주에 저희 딸 이자벨라를 도와주셔서 감사드린다는 메일을 보냅니다. 효과가 너무 좋았어요. 상담받은 이후로, 이자벨라는 아무 문제없이 자기 방 침대에서 혼자 금방 잠듭니다. 밤에 깨지도 않고 11시간 내내 푹 자요. 말씀해 주신 대로 따라 했더니, 첫날밤에는 싫어했었어요. 하지만 그다음 날 저녁이랑 밤부터는 우리의 결정을 잘 이해했고, 받아들이기 시작했습니다. 이후로 저희 가족 모두 저녁이 있는 삶을 살고 있습니다. 정말 기쁩니다. 다시 한번 소중한 조언 감사드립니다. 안느 드림.

18개월 마리

안녕하세요, 제 딸 마리가 18개월인데, 잠을 얕게 자고, 밤에도 여러 번 깨요. 밤에 깨고 나서 진정하며 혼자 꽁알거리다 다시 잠드는 경우도 있지만, 여행을 다녀온 이후로는 매일 밤 깨요. 이제는 꽁알거리는 수준이 아니라, 점점 더 큰 소리로 울어서 저희는 매우 피곤한 상태이고요, 나쁜 버릇을 들이고 싶지 않지만, 딸아이가 불안해하는 것을 방치하고 싶지 않아요. 도와주실 수 있을까요? 사빈느와 장 프랑수와 드림.

❤ 상담 후기

오드 선생님께. 저희가 겪은 일을 꼭 알려드려야 할 것 같아서 이렇게 메일을 드립니다! 저희는 1월 19일 금요일 저녁에 선생님의 '방법'을 시작했습니다. 저희가 기존의 방식을 바꾸니까 첫 3일 동안은 좀 힘들었어요. 선생님이 알려주신 대로 다정하지만 완고하게 아이를 계속 지원해 주었습니다.

덕분에, 마리를 다른 방식으로 안심시켜야 한다는 것을 배웠어요. 첫 시도를 시작하고 오늘이 정확히 열흘째 되는 날인데, 3일 전부터는 기적처럼 아이를 한 번만 재워도 되고, 밤에도 깨지 않아요. 저녁 7시나 7시 반에 우유를 한 번 주고, 8시, 8시 반, 늦어도 9시 전에는 잠들어요! 계속 이대로만 유지되었으면 좋겠습니다.

가족 모두가 편히 자는 것은 물론이고, 마리가 완전히 다른 아이가 되었어요! 이 정도까지 효과가 클 거라고는 상상도 못 했어요. 자주 칭얼거리던 마리가 이제는 웃기도 잘 웃고, 훨씬 차분하고 같이 지내기 편안한 아이가 되었습니다.

게다가 저랑 아이가 매우 가까워지는 계기가 되기도 했습니다. 더 이상 서로 티격태격할 일도 없고, 아이도 저를 자주 안아 줍니다. 어쨌든, 오드 선생님, 어떻게 감사드려야 할지 모르겠어요! 모두 잘 자고, 너무나 행복해요. 주변에 도움이 필요한 사람이 생기면 꼭 추천할게요. 좋은 한 주 되시길 바랍니다. 사빈느와 장 프랑수와 드림.

 4개월 아나톨

오드 베카 선생님 안녕하세요. 2014년 1월에 저희 딸아이 도로테의 수면에 관해서 처음 연락을 드렸던 적이 있습니다. 딸아이가 9개월 때, 밤에도 6~10번씩 깨고, 모유 수유를 해야만 다시 잠이 들었었어요. 아이가 혼자서 잘 수 있도록 아주 따스한 상담을 해주셨고, 결과는 정말 마술 같았습니다!! 그런데 이제는 4개월 된 아들 아나톨이 있어요. 전에는 아이가 혼자 잠도 깨지 않고 잘 자고, 같이 지내기가 아주 좋은 아이였어요. 그런데 1주일 동안 여행을 다녀왔는데 돌아온 이후로는 예전에 도로테가 그랬던 것처럼 똑같은 문제가 생겼어요. 매시간마다 계속 깨고 수유를 해줘야만 다시 잡니다. 도와주실 수 있으시겠어요? 아나톨이 너무 어리지 않을까요? 미리 감사드리며, 샤를과 엘로디 드림.

오드 선생님 안녕하세요. 정말 행복하고 정말 놀랍습니다. 아나톨이 다시 혼자 잘 자요. 정말 감사합니다! 감사합니다! 도로테 문제로 3년 전에 전화 상담한 이후로 선생님 생각을 많이 했어요. 몇 명의 친구들에게 선생님 연락처를 드렸는지 기억도 안 날 정도네요.

선생님은 모르셨겠지만, 아나톨이 태어나고 나서 첫 몇 주 동안은 선생님의 상담 덕분에 준비된 상태로 아이를 맞을 수 있었습니다. 매일 밤, 순간마다 아이와의 시간을 충분히 즐길 수 있었고, 덕분에 나쁜 버릇을 들이지 않을 수 있었어요. 계속 속으로는 '걱정 마, 최악의 경우 오드 베카 선생님께 연락드리면 되지'라고 생각했어요. 이렇듯 선생님도 모르시는 사이에 계속 저희는 선생님께 의지할 수 있어요.

좋은 부모가 돼야 한다는 사회적 압박감이 이제 좀 덜한 것 같아요. 누구나 실수는 할 수 있으니까요. 그것을 수습할 수 있는 좋은 도구를 찾는 것이 원칙이죠. 다시 한번 감사드립니다. 새해에도 건승하시기를 바랍니다. 샤를과 엘로디 올림.

더 많은 상담 후기를 읽어보고 싶으시다면,
인터넷 사이트 www.audebecquart.com와
제 페이스북 페이지, 〈오드 베카Aude Becquart〉를 참고하세요.

책을 마치면서

상담 후기만큼 내게 큰 힘이 되는 일도 없다. 아이가 혼자 편안하게 잠들고, 또 가족들 모두가 각자의 균형과 행복을 찾았다는 것만큼 감사할 일도 없을 것이다.

내가 상담하는 모든 부모와 마찬가지로, 독자 여러분도 이제 여러분의 아이가 편안하게 잠들 수 있도록 도와줄 수 있는 모든 해결책을 손에 쥔 셈이다.

내가 소개하는 방법을 실천하려면 에너지가 필요하고, 또 믿음이 필요하다. 총 4개의 주제를 기억하면 된다. 인내심, 안정감, 단호함, 온정이다. 잘 버텨보자. 결과를 보면 후회하지 않을 거다!

어린 나이에 얻은 좋은 수면 습관이 어른이 되어도 이어지기 때문에, 아이가 편안히 잘 수 있게 도와주는 것만큼 큰 선물도 없다.

내게 어른 수면 문제도 다루는지 사람들이 물어보곤 한다. 어른들의 불면증의 문제 원인은 매번 다르고 복잡하지만, 그럼에도 내게 관심이 가는 주제긴 하다. 어른들의 수면 문제를 돕는 것이 나의 장기적인 프로젝트이기도 하다.

균형감각 완성 1

생후 12~24개월 이야기

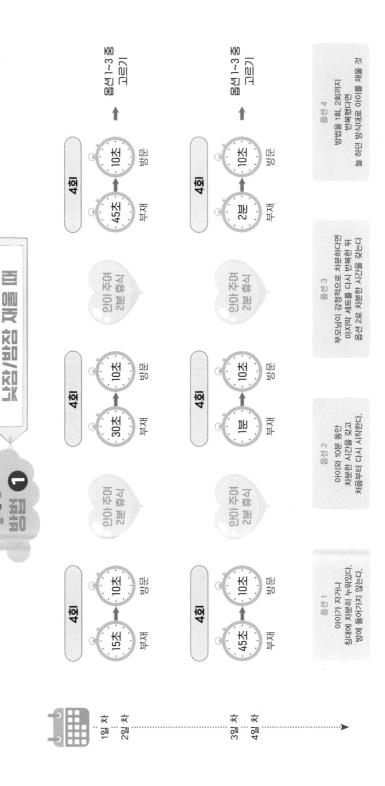

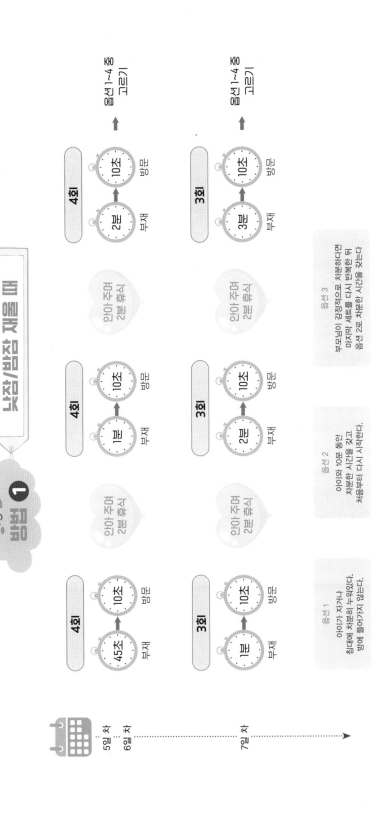

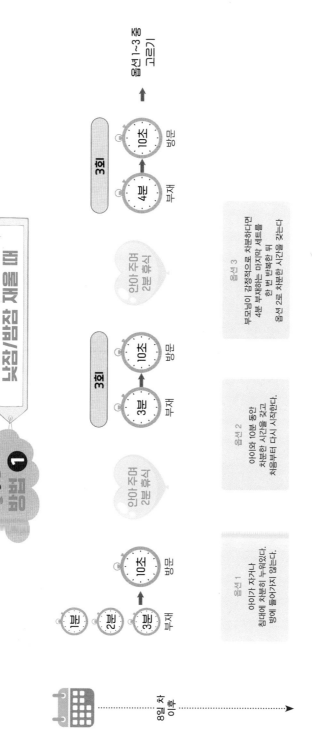

방법 1

낮잠/밤잠 재울 때

8일 차
이후

부재 1분 2분 3분 방문 10초

옵션 1
아이가 자거나
침대에 차분히 누워있다.
방에 들어가지 않는다.

엄마 주머
2분 휴식

3회

부재 3분 방문 10초

옵션 2
아이와 10분 동안
차분히 시간을 갖고
처음부터 다시 시작한다.

엄마 주머
2분 휴식

3회

부재 4분 방문 10초

옵션 3
부모님이 감정적으로 차분하다면
4분 부재하는 마지막 세트를
한 번 반복한 뒤
옵션 2로 차분한 시간을 갖는다

옵션 1~3 중
고르기

밤중에 깰 때 : 첫 한 주 동안은 아이가 자다가 깨면 평소 하던 방식대로 재울 것

도전 1

2주 차부터

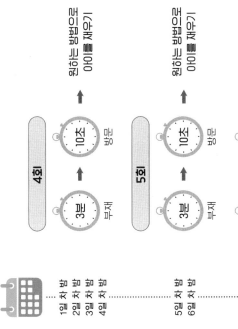

1일 차 밤
2일 차 밤
3일 차 밤
4일 차 밤

4회

부재 3분 ➜ 방문 10초 ➜ 원하는 방법으로 아이를 재우기

5일 차 밤
6일 차 밤

5회

부재 3분 ➜ 방문 10초 ➜ 원하는 방법으로 아이를 재우기

7일 차 밤 이후

부재 4분 ➜ 방문 10초 ➜ 필요한 만큼 계속 반복하기

창의력 발달 2

3~4세 미유 아이

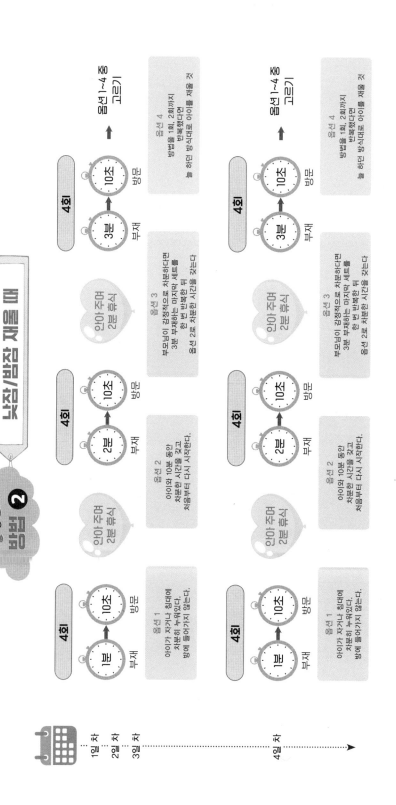

방법 ❷ 낮잠/밤잠 재울 때

1일 차
2일 차
3일 차

4회
부재 1분 → 방문 10초

옵션 1
아이가 자거나 침대에
차분히 누워있고,
방에 들어가지 않는다.

안아 주며
2분 휴식

4회
부재 2분 → 방문 10초

옵션 2
아이와 10분 동안
차분한 시간을 갖고
처음부터 다시 시작한다.

옵션 3
부모님이 감정적으로 차분하다면
3분 부재하는 마지막 세트를
한 번 반복한 뒤
옵션 2로 차분한 시간을 갖는다

4회
부재 3분 → 방문 10초

옵션 4
방법을 1회, 2회까지
반복했다면
늘 하던 방식대로 아이를 재울 것

옵션 1~4 중
고르기

4일 차

4회
부재 1분 → 방문 10초

옵션 1
아이가 자거나 침대에
차분히 누워있고,
방에 들어가지 않는다.

안아 주며
2분 휴식

4회
부재 2분 → 방문 10초

옵션 2
아이와 10분 동안
차분한 시간을 갖고
처음부터 다시 시작한다.

옵션 3
부모님이 감정적으로 차분하다면
3분 부재하는 마지막 세트를
한 번 반복한 뒤
옵션 2로 차분한 시간을 갖는다

안아 주며
2분 휴식

4회
부재 3분 → 방문 10초

옵션 4
방법을 1회, 2회까지
반복했다면
늘 하던 방식대로 아이를 재울 것

옵션 1~4 중
고르기

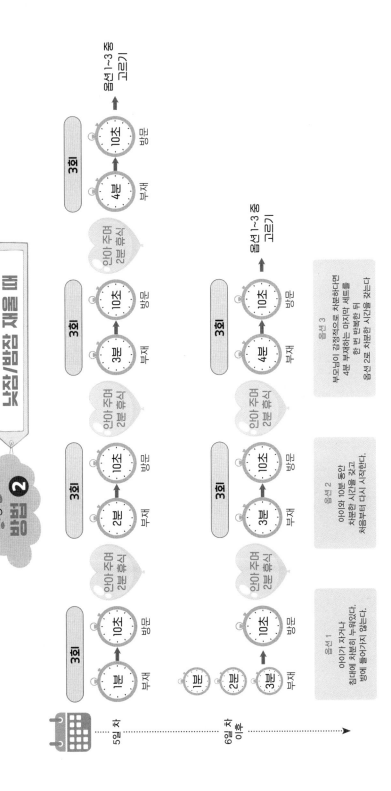

방법 ❷

낮잠/밤잠 재울 때

5일 차

6일 차
이후

3회
부재 1분 → 방문 10초
안아 주며
2분 후식
3회
부재 2분 → 방문 10초
안아 주며
2분 후식
3회
부재 3분 → 방문 10초
안아 주며
2분 후식
3회
부재 4분 → 방문 10초
옵션 1~3 중
고르기

부재 1분
부재 2분
부재 3분 → 방문 10초
안아 주며
2분 후식
3회
부재 3분 → 방문 10초
안아 주며
2분 후식
3회
부재 4분 → 방문 10초
옵션 1~3 중
고르기

옵션 1
아이가 자거나
침대에 차분히 누워있다.
방에 들어가지 않는다.

옵션 2
아이와 10분 동안
차분한 시간을 갖고
처음부터 다시 시작한다.

옵션 3
부모님이 감정적으로 차분하다면
4분 부재하는 마지막 세트를
한 번 반복한 뒤
옵션 2로 차분한 시간을 갖는다

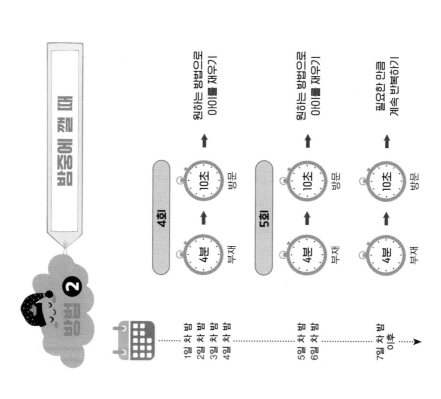

밤중에 깰 때

배변훈련 ②

1일 차 밤
2일 차 밤
3일 차 밤
4일 차 밤

5일 차 밤
6일 차 밤

7일 차 밤
이후

4회

부재 4분 → 방문 10초 → 원하는 방법으로 아이를 재우기

5회

부재 4분 → 방문 10초 → 원하는 방법으로 아이를 재우기

부재 4분 → 방문 10초 → 필요한 만큼 계속 반복하기

코딩사고력 수학 3

잠자는 문제와 밤중에 깨는 문제가
가끔 생기는 아이

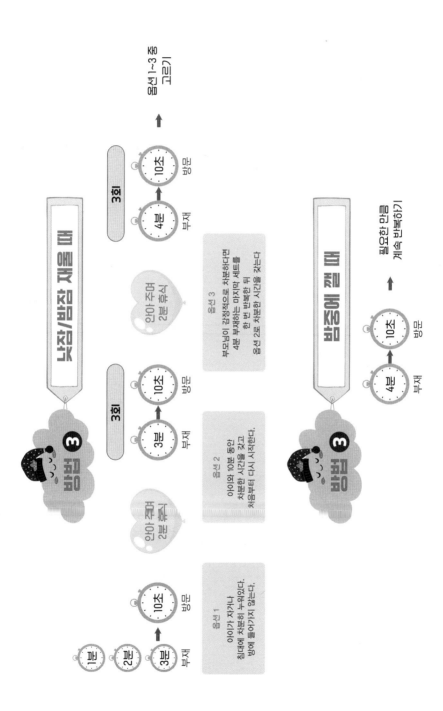

낮잠/밤잠 재울 때

방법 3

3회
1분 · 2분 · 3분
부재 → 10초 방문

옵션 1
아이가 자거나
침대에 차분히 누워있다.
방에 들어가지 않는다.

안아 주며 2분 휴식

3회
3분 부재 → 10초 방문

옵션 2
아이의 10분 동안
차분한 시간을 갖고
처음부터 다시 시작한다.

안아 주며 2분 휴식

3회
4분 부재 → 10초 방문

옵션 3
부모님이 감정적으로 차분하다면
4분 부재하는 마지막 세트를
한 번 반복한 뒤
옵션 2로 차분한 시간을 갖는다.

↑

옵션 1~3 중
고르기

밤중에 깰 때

방법 3

4분 부재 → 10초 방문

↑

필요한 만큼
계속 반복하기

감사 인사

정성스럽게 검수해 준 비르지니 르코즈, 소피 무리에, 안느 소피 아잘리와 이 책에 나온 표를 만들어준 뱅상 무리에와 알렛 드 퐁비엘 신중한 조언과 도움을 준 플로렁 뒤켄, 식스틴 베카, 에마뉘엘 아메유, 나탈리 모리, 이 책의 프로젝트를 위해 2년 전부터 나를 지원해 준 우리 가족, 응원해 주고 조언해 준 에밀리와 안느 로르, 코랄리 사브리나, 오딜, 파니, 사라, 르뒥 출판사와, 특히 나를 지지해 주고 응원해 준 소피 카르켕, 오렐리 아미니앙, 세실 딕, 내게 그들의 잠을 믿고 맡겨준 모든 아기들과 아이들, 부모님들에게 모든 감사의 마음을 전합니다.

크로노도도
10초 아기 수면법

1판 1쇄 인쇄 2023년 5월 15일
1판 1쇄 발행 2023년 5월 20일

지은이 오드 베카
옮긴이 송민주
펴낸이 이윤규

펴낸곳 유아이북스
출판등록 2012년 4월 2일
주소 서울시 용산구 효창원로 64길 6
전화 (02) 704-2521
팩스 (02) 715-3536
이메일 uibooks@uibooks.co.kr

ISBN 979-11-6322-096-1 (03370)
값 16,800원